# 대박 펜션의 비밀

펜션창업과 광고 성공사례

김성택의 펜션창업과 광고 성공전략

# 대박펜션의
## 비밀

김성택 지음

한국경제신문*i*

## ● 시작하며

● 나는 요즘 이런 말을 자주 한다. '사장의 얼굴에 돈이 보인다.'

실제로 상대방의 얼굴에서 돈이 보인다기보다는 사장이 사업에 임하는 자세가 보인다는 말이 더 정확한 표현인 것 같다.

나는 매일 펜션을 운영하는 사장과 펜션 창업을 준비하는 사람들을 상대로 상담하고, 매주 여러 차례 강의나 컨설팅을 하고 있다. 그러면서 내 앞에 앉아 있는 사람의 고민을 듣고 조언하며, 가끔은 그들이 어떤 사람인지 짐작해보기도 한다.

나에게 조언을 구하려고 온 사람들을 만나 보면 절박함과 더불어 희망적인 에너지가 나한테까지 전해지는 사람들이 있다. 하지만 반대로 그렇지 않은 사람들도 있다. 펜션 사업을 '전원생활'에 포커스를 맞춰서 시작하려는 사람들이 그러하다. 그들에게는 절박함보다는 여유로움이 느껴진다. 하지만 많든 적든 펜션 사업으로 인해서 조금이라도 가게 수익에 보탬이 되고자 마음먹고 펜션을 시작하려 한다면, 여유로운 전원생활에 대한 로망은 잠시 접어야 한다. 그래서 나는 전원생활에 포커스를 맞춰서 시작하려는 분들에게는 펜션 사업을 하지 않는 것이 좋다고 조언한다. 전원생활에 대한 로망이 있다면 차라리 더 작고 아담한 집을 만들고 거주하는 것이 좋다. 수익형이 아니라 거주목적으로 만들어야 한다.

펜션 사업을 아직도 유유자적 전원생활을 즐기면서 운영하는 사업이라고 생각하는 사람들이 많은데 이 사업은 절대로 그렇지 않다. 시골의 경치 좋은 곳에는 어김없이 펜션단지들이 들어가 있다. 펜션은 가장 대표적인 과열경쟁 사업 아이템인 치킨집의 수를 이미 오래전에 넘어섰다. 치킨집은 어디서나 가장 많이 볼 수 있는 가게인데, 그 수가 전국 1만 6,000개가 넘는다. 하지만 펜션과 그 유사 형태의 숙박업소의 수는 이미 3만 개를 넘어섰다.

펜션 사업에 쉽게 접근할 수 없는 또 다른 이유가 있다. 경쟁이 치열한 이 사업은 할 일이 참 많다. 마치 호텔에서 하는 일과 흡사한데, 상담, 접객, 광고, 시설 관리 등을 한 명 또는 두 명이 모두 해결해야 하는, 일손이 많이 가는 사업이다. 그러니 펜션은 유유자적 즐기며 할 수 있는 사업이 아니다.

펜션을 운영하는 분들이라면 아마도 앞서 설명한 내용을 충분히 공감할 것이다. 하지만 모든 펜션 사업자들이 치열하게 살면서 고생을 하는 것은 아니다.

적어도 이 책에서 사례로 소개하고 있는 펜션들은 많은 사람에게 입소문이 났으며, 유명세만큼이나 대단한 매출을 만들고 있고, 여유로운 매출로 인해 더욱 안전하고 풍요롭게 펜션이 운영되고 있다. 하지만 이러한 펜션들이 처음부터 성공가도를 달린 것은 아니다. 앞서 설명한 여러 가지 문제들을 경험하며 많은 고생을 한 후, 결국 자신(펜션)에게 가장 잘 어울리는 포장지를 입은 후부터 승승장구하기 시작한 것이다.

나는 종종 펜션을 더욱 빛나게 하는 요소를 포장지에 빗대어 소개한다. 지금처럼 잘 먹고 잘사는 시대의 웬만한 제품들은 그럭저럭 쓸 만하다. 펜션 역시 소비자들의 눈높이에 맞춰져서 점차 발전하다 보니 대부분 상향평준화되어 있다. 하지만 비슷한 상품을 판매하고 있음에도 누구는 대박을 치고 있고, 누구는 쪽박을 차게 된다.

'과연 내 상품(펜션)을 예쁜 포장지로 잘 싸서 소비자들에게 보여주고 있는가?' 아니면 '아직 내 상품은 포장지 없이 날것 그대로 소비자들에게 보여주고 있는가?'

명품을 판매한다면 제품에 고급스러운 색감과 질감 좋은 포장지를 입혀서 판매해야 구매율을 높일 수 있다. 만약 아이들의 장난감을 판매한다면 아이들이 좋아할 만한 뽀로로나 포켓몬스터 등의 귀여운 포장지로 싸서 판매해야 구매율이 높아질 것이다.

상품의 가치를 더욱 높여주는 포장지. 그 포장지가 바로 '컨셉'이다. 진짜 포장지를 이야기하는 것은 아니다. 상품에 더욱 가치를 부여해서 구매율을 높이는 무언가를 이 책에서 이야기하려는 것이다.

이 책은 내가 10년 이상 쌓아온 경험을 인생의 터닝포인트에 선 독자들과 나누기 위해서 집필했다. 그리고 책에 소개한 사례들은 내가 직접 컨설팅을 한 실제 사례들을 토대로 썼다. 펜션 사업자 앞에 앉아 컨설팅할 때 쏟아낸 수많은 이야기 중 일부의 내용을 책으로 엮었지만, 이 책의 내용이 펜션 전체 마케팅에 가장 큰 부분을 차지한다.

만약 운영하는 펜션을 더 나은 펜션으로 만들고 싶어서 이 책을 손에 들었다면, 펜션만이 아니라 사업가인 자신을 변화시키는 데도 많은 노력을 기울였으면 하는 바람이다. 그리고 이 책을 통해 더 많은 이들이 자신이 생각하는 여유로운 삶에 다가갈 수 있길 희망한다.

김성택

● 김성택 작가의 경기도청 지원 펜션 마케팅 강의 모습

# 펜션 사업은
# 숙박업이 아니다

# ● Chapter 1 ●

# ● 펜션 사업은 숙박업이 아니다

● 펜션 사업자들을 대상으로 교육할 때 항상 하는 말이 있다.

"펜션 사업은 숙박업이 아닙니다. 그러니 숙박업으로 바라보고 접근하면 큰 낭패를 볼 수 있습니다."

펜션 사업자들에게 이렇게 이야기하면 매우 의아해한다. 사실 이 말은 펜션은 숙박업이지만, 숙박업이라고 생각하고 접근해서는 안 된다는 것을 역설적으로 표현한 말이다. 이렇게 표현한 이유는 다음과 같다.

먼저 숙박업의 구매 형태와 유사한 업종을 찾아보자. 음식점, 카센터, 카페, 병원 등. 이런 업종들은 모두 펜션의 세일즈 형태와 많이 다른 방식을 취하고 있다.

펜션의 세일즈 방식과 가장 유사한 방식을 가진 사업은 바로 '인터넷 쇼핑몰'이다. 아마 이 뜻을 이해하지 못하는 독자들이 절반 이상은 될 것이라 생각한다. 좀 더 상세히 설명하면 다음과 같다. 많은 사람이 생각하기에 펜션 사업은 숙소를 멋지게 차려놓고 깨끗하게 가꾼 후 찾아오는 여행객들에게 친절하게 응대하면 점차 사람들에게 알려질 것이라고 생각하고 있으며, 그것이 펜션 사업의 주된 업무라고 생각한다. 하지만 대부분의 사업자가 이와 같은 생각으로 펜션 사업을 시작했다가 낭패를 보는 경우가 꽤 많다. 이유는 다음과 같다.

펜션 사업은 인터넷 쇼핑몰과 같이 온라인에서 승부가 갈린다고 해도 과언이 아니다. 거의 100%에 가까운 매출이 인터넷에서 나오며 업체의 평가도 인터넷에서 결정된다. 소비자는 인터넷 홈페이지나 광고를 통해 접한 사진, 글, 동영상을 확인하며 펜션 예약 여부를 결정하게 되고, 좋은 인터넷 후기와 평가가 쌓일수록 펜션의 구매율은 더 높아지게 된다.

인터넷 쇼핑몰의 상품들은 물건을 받아보기 전에는 상품의 상세한 상태를 알 수 없다. 펜션 역시 직접 찾아가기 전에는 펜션의 상세한 상태를 알 수 없다. 더군다나 인터넷 쇼핑몰과 펜션은 상품과 서비스를 받아보기도 전에 결제해야 한다. 물건을 만지지도, 보지도 못했는데 결제부터 해야 한다. 소비자 입장에서 보면 불안감을 느끼고 결제를 할 수밖에 없다. 이러한 세일즈방법이 얼마나 어려운지 실감을 해보지 못한 사람들이라면 이해하기 힘들 수 있다.

예를 들어, A점원이 구두 가게에서 구두를 판매한다고 가정하자. 손님이 매장 안에 들어온 후 멋진 구두에 관심을 가진다. A점원은 현란한 말솜씨로 손님을 현혹시킬 수도 있고, 손님에게 편안함을 줄 수 있는 웃는 얼굴을 연신 보여줄 수도 있다. 그리고 그 신발을 손님에게 신겨볼 수도 있고 스킨십을 유도해 친밀도를 높일 수도 있다. 자, 이러한 기술들로 신발을 팔 수 있을까? 아마 이 역시도 만만치 않을 것이다. 눈앞에 손님이 있는데도 말이다. 하물며 인터넷에서는 손님과 마주칠 수 없기 때문에 자신의 말솜씨도 보여줄 수 없으며, 스킨십이나 물건을 만져보게 할 수도 없는데 먼저 돈부터 입금하라고 해야 한다. 이 얼마나 힘든 세일즈방법인가?

그렇기 때문에 인터넷 쇼핑몰과 더불어 펜션 객실을 판매하기 위해서는 내 사업장 또는 사장을 매력적인 모습으로 만들어야 한다. 그리고 그 모습에 '신뢰'라는 이미지를 만들어서 광고·홍보해야 좀 더 구매율을 높일 수가 있다.

제품만 좋다고 많이 팔릴까? 절대 그렇지 않다. 작은 사업장일수록 브랜드 파워가 약하기 때문에 신뢰감 있는 사장의 이미지를 만드는 것이 무엇보다도 중요하다.

작은 사업을 잘 운영하려면 2가지의 컨셉을 잘 만들어야 한다. 그 2가지 컨셉은 상품과 사람이다. 만약 펜션의 컨셉과 사장의 컨셉을 확실하게 만들 수 없다면 펜션 창업은 이 과제가 해결될 때까지 잠시 미뤄둬야 한다(신뢰할 수 있는 이미지 만드는 방법은 다음 장에서 다루고 있다).

평소 펜션 창업과 펜션 홍보 컨설팅을 받길 원하는 분들에게 매일 9~10건의 관련 문의 전화를 받는다. 하지만 나는 첫 상담에 단 한 번도 펜션 사업을 해보라고 권한 적은 없었다. 그런 상담 전화를 받으면 농담을 섞어 이렇게 이야기한다.

"수억 원을 들여서 시행착오를 겪으며 고생하지 말고 100만 원을 들여서 인터넷 쇼핑몰을 운영해보세요. 만약 1년 동안 망하지 않는다면 펜션 사업을 해도 됩니다."

"블로그나 카페를 만들어서 1일 방문자 수를 1,000명 이상 만들 수 있다면, 펜션 사업을 해도 괜찮습니다."

또는 도시 민박사업자나 농어촌 민박사업자로 내가 사는 집의 방 중에서 사용하지 않는 방을 게스트하우스로 내놓고 매일 방에 손님을 채울 수 있어도 펜션 사업자가 될 수 있다고 한다. 물론 이 말은 펜션 사업이 어렵다는 것을 극단적으로 표현한 농담이긴 하지만, 그만큼 인터넷과 마케팅 능력이 펜션 영업에 얼마나 큰 영향을 미치는가를 설명하기에 이만한 표현도 없는 거 같아 자주 말하게 된다.

상담 중에 나에게 이런 이야기를 듣게 된 펜션 사업자나 창업예정자 대부분은 이렇게 답한다.

"나는 인터넷을 모릅니다. 꼭 그렇게까지 해야 영업이 잘 되나요? 좀 여유 있게 전원생활이나 즐기면서 살고 싶은데요"라는 답을 주로 한다.

만약 앞서 설명한 숙박업에 필요한 내공을 쌓지 못한다면 펜션 사업을 재고해보길 권한다.

개인적인 생각이지만, 인터넷 쇼핑몰을 운영해봤던 분들이라면 펜션 사업도 충분히 잘 해내리라고 생각한다. 그래서 다시 한 번 단적인 비유를 해보려고 한다. 인터넷 쇼핑몰의 사장이 가장 많이 신경을 쓰는 업무 분야는 무엇일까?

● 인터넷 공간에서 치열한 경쟁을 하는 쇼핑몰들

사장이 가장 신경 쓰는 것은 역시 매출과 직결된 마케팅(광고, 홍보)
부분이다. 쇼핑몰 사장은 테이블 한편에서 상자를 포장하고 있지 않다
(물론 작은 인터넷 쇼핑몰의 경우는 예외다). 사장은 자신의 쇼핑몰에 하루
몇 명이 방문했는지, 그중에 몇 명이 구매했는지, 만약 방문자 수가 적
거나 매출이 적다면 어떤 방식으로 노출을 해야 할지 연구하고, 세일
즈방법을 실행한다.

인터넷에서 대부분의 구매가 결정되는 펜션의 상품 노출방법도 인
터넷 쇼핑몰과 매우 흡사하다. 그렇기 때문에 펜션 사장의 업무도 인
터넷 쇼핑몰 사장의 업무와 크게 다르지 않아야 한다.

나는 컨설팅을 하며 펜션 사장(수강자)에게 가끔 마케팅 관련 과제를 내준다. 하지만 많은 분이 자신이 해야 할 우선순위를 모르고 다른 업무를 먼저 해결하는 경우가 꽤 많다.

수강자에게 왜 과제를 해결하지 않았는지 물으면 '페인트칠 때문에' 또는 '정원을 가꾸어야 했기 때문에' 마케팅 관련 과제를 해결하지 못했다고 답을 하는 경우가 있다. 이는 아직 우선순위가 무엇인지를 인지하지 못한 초보자들의 답이라고 할 수 있다. 물론 관리 부분의 업무가 더 급할 때도 있지만, 정황을 들어보면 대부분은 우선순위를 인지하지 못한 경우가 더 많았다. 무엇이 가장 중요한지를 알아야 한다.

식당이나 카페의 경우 가게의 위치와 전단, 입간판 등의 길거리 광고가 전체 매출 비중의 50% 이상을 차지한다면, 펜션 사업은 인터넷 광고가 거의 전부라고 할 수 있다.

'내 사업'의 우선순위가 어떤 것인지 잘 모르는 사장이 펜션을 잘 꾸려가는 경우는 지난 10여 년 동안 한 번도 본 적이 없다. 잘되는 펜션의 사장들은 우선순위를 영업(마케팅)에 두고 있다. 매일 홈페이지의 방문자 수를 살피고 예약률을 체크한다. 그리고 더 많은 방문자를 만들기 위해 끊임없이 인터넷 노출에 관심을 가지고 노력하고 있다. 잘되는 펜션 중에 광고나 홍보를 대행사에 맡겨놓고 '대행사에 돈을 입금했으니 알아서 하겠지…' 하는 수동적인 마음가짐으로 사업을 하는 사장은 거의 본 적이 없다. 펜션 사장들의 노력이 드러나지 않을 뿐, 그들은 끊임없이 노력하고 있다. 물론 자신만의 레시피를 남들에게 쉽게 공개할 사람도 없을 것이다.

다시 말하지만, 펜션은 숙박업이 아니라 인터넷 쇼핑몰이라고 생각하고 운영해야 한다. 이 책을 집필한 궁극적인 목적은 더 높은 매출을 만들기 위함이다. 앞으로 펜션 매출에 가장 큰 영향을 미치는 '펜션 컨셉'을 어떻게 만들고 소비자들에게 어떻게 노출해야 하는지 좀 더 깊게 알아보도록 하자.

매력적인
펜션 컨셉이
대박을 만든다

# • Chapter 2 •

# ● 매력적인 펜션 컨셉이 대박을 만든다

● "운영하는 펜션의 컨셉이 무엇입니까?"

나에게 상담을 의뢰한 펜션 사장과 이야기를 나눌 때 항상 먼저 건네는 질문이다. 이 질문에 대부분은 이처럼 답을 한다.

"우리 펜션은 단체 펜션입니다."

"저희 펜션은 스파 펜션입니다."

"커플 펜션, 예쁜 펜션입니다."

많은 펜션 운영자들이 이렇게 두루뭉술하게 답을 하는 경우가 많다. 이런 답을 내놓는 펜션은 경쟁 펜션과 확실히 구분되는 특징을 잡지 못하고 두루뭉술한 이미지로 운영하고 있고, 광고나 홍보를 집행할 때도 펜션의 장점을 제대로 노출하지 못하는 경우가 많다.

물론 위의 답이 틀린 것은 아니지만, 두루뭉술한 이미지는 확실히 경쟁력이 있는 이미지가 아니다. 간단히 인터넷에 '단체 펜션', '예쁜 펜션', '커플 펜션', '가족 펜션' 등을 검색하면 검색 결과로 수백에서 수천 개의 펜션을 확인할 수 있다.

　수천여 개의 비슷한 이미지로 장사를 하는 것이 과연 효과적이라고 할 수 있을까?

블로그　1-10 / 204,654건

바다뷰가 예쁜 남해**펜션** 하이클래스남해!!...　3일 전　☑
바다뷰 **예쁜 펜션** 찾으신다면 남해커플펜션 하이클래스남해 강력추천합니다!! 후기의 마지막은 제 인생샷이자 남해커플펜션의 베스트샷으로~!!! ㅋㅋ 제가 찍었지만 넘...
콧수염아가씨 blog.naver.com/5636i...　🔲 약도 ▾　Smart Editor ③⓪

키즈**펜션**, 호수창이예쁜가 가평가는 길목에서　3일 전　☑
아이들과 함께 오면 좋을 키즈**펜션** 중 하나에요.!! 서울과 가까우니 이용해 보시길... 호수창이예쁜가 **펜션** 경기도 포천시 일동면 운악청계로140번길 8 전화 상세보기
미동의 꼼지락 blog.naver.com/joolp...　🔲 약도 ▾　Smart Editor ③⓪

**예쁜 펜션** 쉽게 찾을 수 있는 곳 스테이폴리오　2017.02.23.　☑
특히 국내 숙박 중 **예쁜 펜션**이나 게스트하우스를 찾으려할 땐 가장 먼저 스테이 폴리오를 확인하는데 개인적으로 이 사이트엔 제 위시 리스트들이 상당히 많아요....
미소는 얼굴의 향기 cutetnwls.blog.me/220940643662　블로그 내 검색

서울 근교 **펜션**, 대부도 **예쁜** 숙소 판타루시아　2017.05.14.　☑
서울 근교 대부도 **예쁜 펜션**인 판타루시아 파랑과 하얀 건물색이 산토리니를 연상시키는 대부도 **예쁜 펜션** 이번 여행의 시작은 대부도 펜션 '판타루시아'에서...
살리나의 노플랜 세... aksgek7.blog.me/221005415340　Smart Editor ③⓪

키즈**펜션**/ 호수창이예쁜가, 수영장이 있는 멋진 포천**펜션**　2017.06.30.　☑
즐기고 이렇게 맛있는 이동갈비도 바로 한 장소에서 즐길 수 있다는 것이 무척 매력적이었습니다. 호수창이**예쁜**가 **펜션** 경기도 포천시 일동면 운악청계로140번길 8 지도보기
미련한 곰의 미련한 여행 blog.naver.com/gagam...　🔲 약도 ▾　Smart Editor ③⓪

남해 **펜션** ~ **예쁜** 커플 메르블루 **펜션**　2017.05.21.　☑
참 **예쁜 펜션**이랍니다 특히 여성분들이라면 좋아할 인테리어요 아주 깔끔하고 창문만 열면 바다가 한눈에 펼쳐지는 어쩜 그냥 그 느낌이 좋아서 남해 여행길에 제일...
버즈의 재미있고 맛있는 여... blog.naver.com/msi06...　🔲 약도 ▾　Smart Editor ③⓪

● 네이버 검색창에 '예쁜 펜션'이라고 검색하면 블로그에만 20만 개 이상의 글이 등록되어 있다.

　상향평준화된 펜션들 사이에서 평범한 이미지는 소비자들의 선택을 받을 수 없다. 펜션 사장조차 자신이 운영하는 펜션의 이미지를 명확히 만들지 못하고, 적당히 예쁘고 적당히 괜찮은 펜션의 이미지로

인터넷에 노출하고 있는데, 소비자가 스스로 관심 펜션을 분석해서 펜션의 특징을 찾아내는 경우는 거의 없다. 결국, 소비자 역시도 관심 펜션을 적당히 예쁘고 괜찮은 펜션 정도로만 인식하게 된다. 적당히 괜찮은 이미지의 펜션이 과연 경쟁력이 있을까?

펜션의 컨셉을 잡기는 사실 그리 쉽지 않다. 펜션의 상품과 서비스는 타 펜션들에 비해 크게 다르지 않기 때문이다. 펜션은 여행을 목적으로 한 여행자들 또는 이벤트 등을 목적으로 한 이들에게 숙소를 제공하는 것이 전부다. 똑같은 숙박이라는 상품을 판매하는데 다양한 서비스가 나올 수가 없는 것은 당연하다. 그렇기 때문에 우리는 서로 비슷한 객실을 판매하지만, 소비자들에게 보여질 때는 다른 무언가를 보여줘야만 주목받을 수 있다. 같은 것을 보여주면 결국 주목받지 못한다.

건축의 형태를 봐도 마찬가지다. 펜션 창업예정자와 이야기를 나누다 보면 그저 평범하고 단단한 집을 만들려고 한다. 나름의 센스를 발휘해서 객실을 예쁘게 꾸미려고 노력하지만, 결국 잠을 자는 목적 그 이상을 보여주지 못하는 펜션이 되는 경우가 많다.

인터넷에서 보이는 모습은 분명히 남들과 달라야 한다. 경쟁하는 펜션들과 분리돼 완전히 차별화된 모습으로 보이도록 많은 노출을 해야 한다. 그래야만 소비자가 펜션에 예약할 명분을 더 쉽게 만들 수 있다.

최근 펜션들을 방문해보면 이제 심각할 정도로 수준이 떨어지는 펜션들은 많지 않다. 높아져만 가는 소비자들의 눈높이를 맞추기 위해 멋진 모습으로 인테리어가 발전했기 때문이다. 그렇기 때문에 자신이 운영하는 펜션이 멋진 펜션이라고 철석같이 믿고 있더라도 차별화된 펜션의 이미지는 꼭 만들어야 한다. 의도적이든 그렇지 않든 펜션의 컨셉을 만들지 않았다면 좋은 상품을 갖고 있음에도 소비자들의 눈에 띄지 않는 펜션이 되어버린다. 이는 펜션 광고를 할 때도 마찬가지다. 대부분 펜션 사업자는 돈만 있으면 키워드 광고를 할 수 있고 광고에 투자한 만큼 높은 수익을 만들 수 있을 거라고 예상한다. 하지만 현실은 그렇지 않다. 물론 광고를 많이 하면 구매율은 더 높아지겠지만, 기대만큼은 대단한 결과를 얻지 못하는 경우가 많다. 이러한 원인을 펜션의 컨셉에서 찾아볼 수 있다. 펜션의 컨셉은 구매율을 높여주는 가장 큰 역할을 한다.

그 이유를 좀 더 쉽게 설명하자면 다음과 같다.

A상점과 B상점은 여학교 앞에서 똑같은 볼펜을 판매하고 있다. 똑같은 제품을 판매하고 있음에도 날이 갈수록 A상점보다는 B상점의 볼펜이 더 잘 팔리게 되었다. 결국, A상점은 B상점에 밀려서 가게 임대료도 못 내고 곧 망하기 직전인 상태가 되었다. 하지만 다시 정신을 차린 A상점 사장은 같은 제품임에도 왜 B상점의 볼펜이 더 잘 팔리는지 알아보기로 했다. 그리고 결국 그 원인을 찾아내게 되었다. 그 차이는 결국 포장지 하나였다. 그동안 A상점은 자신이 판매하는 볼펜이 매우 좋은 제품임을 자부하고 포장지 없이 그대로 매장에 올려놓고 판매를 해왔었다. 하지만 B상점은 제품에 소비자들이 좋아할 만한 예쁜 포장지를 입혀서 판매하고 있었던 것이다.

원인을 찾아낸 A상점 사장은 볼펜에 예쁜 포장지를 입혀서 판매했지만, 여전히 소비자들의 반응은 차가웠다. A상점의 사장은 다시 B상점에 찾아가서 그 원인을 확인해본 결과 A상점에서 사용하는 포장지가 문제가 있다는 것을 파악했다. 그 이유는 주 소비자층을 모르고 막연하게 예쁜 포장지만 입혔기 때문이다.

A, B상점은 여학교 앞에 있었기 때문에 당연히 주 고객층은 여학생들이었다. 하지만 A상점 사장은 여학생들이 좋아할 만한 아기자기하고 귀여운 포장지가 아닌, 자신의 취향대로 고급스럽고 무난한 포장지를 사용했던 것이다. 그에 반해 B상점은 좋은 제품은 기본으로 비치하고 주 고객층이 어떤 소비자들인지 파악한 후, 여학생들이 좋아하는 아기자기하고 색채감이 강한 포장지를 입혔던 것이다. 누구에게나 예쁘고 멋지게 보일 수 있는 포장지가 아닌, 내 제품을 사줄 수 있는 소비자를 정확히 파악한 예쁜 포장지였다.

만약 회사들이 밀집한 지역이라면 좀 더 무게 있고 심플한 디자인의 포장지가 더 효과적일 수 있다. 이 포장지의 예는 펜션 사업에도 똑같이 적용된다.

국내에는 대리석으로 휘감은 고급 펜션, 개인 풀장이 있는 풀빌라 펜션, 5성급 호텔에 준하는 서비스를 제공하는 펜션 등 너무나도 많다. 하지만 앞에서 예를 들어 설명했듯이 컨셉은 영업대상을 명확히 해야한다. 내 펜션을 주로 이용할 주 고객층을 파악하고 그들이 좋아하는 컨셉을 만들지 못한다면 풀빌라와 대리석을 휘감은 펜션이라 할지라도 소비자들의 외면을 받을 수 있다. 실제로 얼마 전 상담을 했던 펜션 사장은 약 30억 원을 투자해서 고급 풀빌라 펜션을 만들었지만, 엉망으로 만들어진 홈페이지와 타깃팅이 되지도 않은 광고로 결국 돈만 날리고 지금은 6개월째 고전을 면치 못하고 있다.

펜션의 컨셉에 대해 상담하다 보면 펜션을 운영한 지 2~3년이 지났음에도 지갑을 열어야 하는 고객, 즉 영업대상을 제대로 파악하지 못한 펜션 사장이 허다하다. 또는 펜션의 장점을 파악조차 못 하고 잘못된 이상한 컨셉을 이야기하는 펜션 사장들을 자주 볼 수 있다.

"펜션의 컨셉이 무엇입니까?"

"네, 제가 운영하는 펜션은 야생화가 매우 화려하게 피고 주변에도 야생화가 매우 많아서 컨셉을 야생화가 예쁜 펜션으로 정했습니다."

바로 이런 컨셉이 잘못된 컨셉이라고 할 수 있다. 그 이유는 내 상품을 주로 구입해줄 주요 고객의 니즈를 알지 못하고 해당 펜션에 꼭 와야만 하는 명분을 못 만들었기 때문이다.

과연 야생화를 좋아하는 사람들의 수가 얼마나 될까? 그리고 야생화를 좋아하는 사람들의 연령층은 어떻게 될까? 펜션으로 여행을 떠나려는 사람 중 가장 구매율이 높고 큰 지출을 하는 연령층은 20~30대다. 만약에 내 펜션이 작은 룸으로 이루어진 커플 펜션이라면 야생화가 예쁜 펜션 이미지는 어울리지 않을 확률이 매우 높다. 이유는 커플 펜션의 주 영업대상은 20대이기 때문이다. 설령 야생화를 너무나도 좋아하는 사람들이 있다고 해도 교외로 1시간 정도만 나가면 충분히 볼 수 있는 야생화를 굳이 수십만 원의 비용을 지불하고 펜션에 와서 보려고 하는 사람은 드물다. 그리고 겨울과 같이 야생화를 볼 수 없는 시즌에는 이와 같은 컨셉은 무용지물이 된다.

'야생화가 예쁜 펜션'이라는 컨셉은 결국 펜션 사장만 좋아하는 컨섹이 된다. 그렇기에 좋은 컨셉을 만들기 위해서 내 제품을 구입할 소비자들의 성향을 파악하고, 그들이 좋아할 컨셉과 소비자들이 해당 펜션에 와야만 하는 충분한 이유를 만들어야 한다.

소수이기는 하지만, 나와 상담을 나눈 사람 중 이렇게 이야기하는 분도 있었다.

"펜션의 컨셉. 그런 거 잘 모르겠고, 그냥 광고만 잘하면 되지 않을까요?"

결론부터 말하자면 큰 효과를 내지 못한다. 이는 결국 볼펜에 포장지도 없이 비싼 자릿세를 지불하고 장사를 하겠다는 것과 다르지 않다. 기왕 장사를 잘하려면 비싼 자릿세가 아깝지 않도록 예쁜 포장지를 확보한 후에 장사하는 것이 더 유리하다.

인터넷 공간에 아무리 많은 사람이 모여 있다고 해도 영업을 위한 대상을 파악하지 않고 무작정 노출하는 것은 매출을 올리는 데 큰 도움이 되지 못한다. 노인정에 많은 할아버지들이 모여 있다고 해도 유모차를 판매하긴 힘들고, 원생이 엄청나게 많은 유치원 앞이라고 해도 돋보기를 판매하기 어렵다(물론 손자를 위해 유모차를 살 수도 있고, 할아버지를 위해서 돋보기를 살 수도 있지만 그 수는 극히 드물다).

사람들이 많이 모여 있는 곳에 서서 '내가 판매하는 제품은 참 좋은데 왜 안 팔릴까?'라는 고민을 하기 전에 내가 판매하는 제품과 컨셉이 과연 적정한 사람들에게 노출되고 있는지를 먼저 파악해봐야 한다.

내 상품을 사줄 만한 소비자층을 겨냥했다면 그 소비자들이 좋아할 만한 이미지로 내 펜션을 꾸민 후 비로소 비싼 광고비와 홍보비를 아낌없이 써야 한다.

　반대로 컨셉이 만들어지지 않은 상황에 광고와 홍보비를 쏟는다면 결국 유치원 앞의 돋보기 장사꾼이 되어버린다. 즉, 밑 빠진 독에 물 붓는 격이다. 그러므로 많은 비용이 들어가는 펜션 광고는 완벽한 컨셉이 만들어진 후에 진행해야 한다.

　모든 사람이 내 고객이 될 수 없음을 인지하고, 내 펜션을 좋아해 줄 사람들이 누구인지를 빨리 파악하는 것이 무엇보다도 중요한 첫 번째 과제가 된다.

그렇다면 그 컨셉(포장)은 어디에 잘 보이도록 해야 할까? 바로 인터넷이다.

　펜션 컨설팅을 위해 해당 펜션에 방문하면 사장들은 대부분 이런 이야기를 한다.

● 펜션 사업은 인터넷에서의 노출이 가장 중요하다.

　"우리 펜션에 오는 손님들은 대체로 만족도가 꽤 높은 편입니다. 인터넷에서 보는 것보다 직접 와서 보면 예상했던 것보다 더 멋지다고 하거든요."

　이런 말을 들으면 안타까운 마음이 먼저 든다. 이는 "나는 인터넷에서 이미지 노출에 실패했습니다"라고 말하는 것과 다르지 않기 때문이다. 소비자들이 펜션을 선택할 때 직접 펜션에 찾아와서 펜션을 둘러 본 후 예약을 하는 경우는 극히 드물다. 소비자들은 인터넷에 노출된 모습을 보고 예약하는데, 인터넷에 노출된 모습이 실제의 모습을 잘 표현해주지 못하고 있다면, 이는 실패한 광고 또는 홍보이기 때문에 쉽게 넘어가서는 안 된다. 펜션 사업은 인터넷에서 승패가 갈린다. 그렇기 때문에 인터넷에서 이미지 노출에 더 힘을 주어야만 한다. 과장된 거짓을 보여주면 안 되지만, 경쟁에서 겸손할 필요는 없다.

다음 장의 실제 성공사례들을 확인해보면서 펜션을 어떤 컨셉으로 만들어야 할지 고민해보도록 하자.

펜션의 매출을 높이기 위해서<br>'펜션 컨셉 만들기'를 가장 먼저 고민해야 한다.

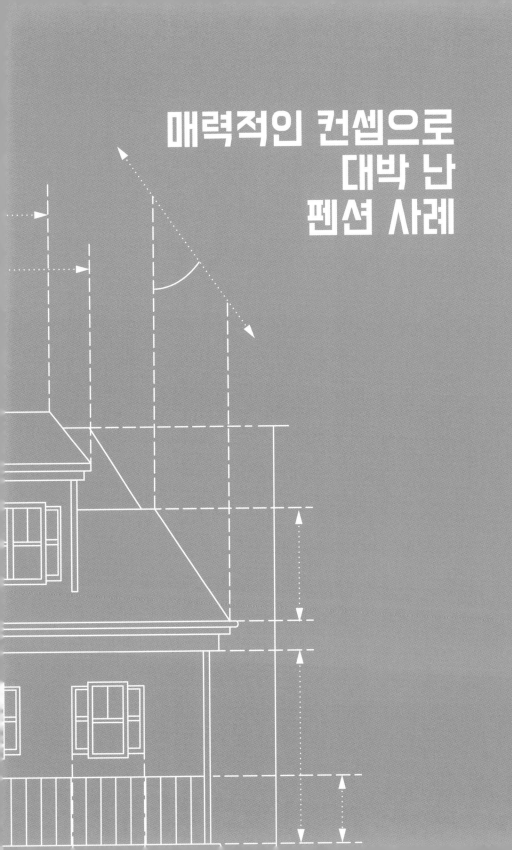

# 매력적인 컨셉으로
# 대박 난
# 펜션 사례

● Chapter 3 ●

# ● 매력적인 컨셉으로 대박 난 펜션 사례

● 지난 15년 동안 수많은 펜션을 컨설팅하면서 여러 성공사례를 지켜봤다. 그중 매력적인 컨셉을 만든 모범이 될 만한 펜션들의 사례를 소개해보려고 한다.

앞으로 소개할 펜션들이 모범사례라고 하는 이유는 경쟁 펜션들에 비해서 안 좋은 조건을 많이 갖고 있음에도, 주변 지역을 대표할 만한 유명한 펜션이 되었기 때문이다. 심각할 정도로 장사가 안되던 펜션이 어떻게 소비자의 취향을 파악한 컨셉을 만들고 그 지역을 대표하는 펜션이 될 수 있었는지 알아보도록 하자.

이 책에서 소개하는 펜션은 모두 필자가 직접 컨설팅했던 실제 사례들이다(책에 실명이 소개되길 꺼린 펜션은 이니셜을 사용했으며, 일부 펜션은 높은 프리미엄을 붙여 매각한 곳도 있다).

● 단양의 가고픈 흙집 펜션 전경

## 단양 가고픈 흙집 ●

객실이 아닌
추억과 향수를 팔아서
큰 매출을 만든 작은 펜션

"
전 국민을 대상으로
영업하지 마라!
마니아만 잡아라!
"

● 단양 '가고픈 흙집'은 나와 만난 지 벌써 6년 정도 되어가는 펜션이다. 가고픈 흙집은 나에게 컨설팅을 받은 6년 전부터 현재까지 지역 내 예약률이 가장 높은 펜션으로 자리매김하고 있다. 앞으로도 지속적인 인기를 얻으며 발전할 가능성이 큰 펜션이다. 하지만 가고픈 흙집도 창업 초기에는 심각한 경영난으로 매우 고전했었다.

창업 초기 단양 가고픈 흙집 펜션은 오픈 후 주변 펜션들과 마찬가지로 '키워드 광고'에 의존해서 인터넷에서 노출하고 있었다. 오픈 후 약 1년 동안 매월 높은 비용을 지출하며 키워드 광고를 집행했지만,

펜션을 찾아오는 여행자는 주말에도 1~2팀이 전부였다. 펜션 운영비와 광고비를 제외하면 본전은커녕 마이너스 운영을 해야만 하는 상황이 자주 발생했다.

예약률이 낮았던 이유는 한두 가지가 아니었다. 가장 기본이 되는 홈페이지부터 모든 것이 문제가 있었다.

7년 전 오픈 당시에는 펜션을 노출하기 위한 광고로는 키워드 광고만 집행하고 있었다. 그렇기 때문에 소비자들이 가고픈 흙집의 정보를 확인할 수 있는 공간은 오직 홈페이지밖에 없었다.

● 가고픈 흙집 펜션의 홈페이지

여행을 준비하며 인터넷을 검색하는 소비자에게 펜션이 노출되는 형태는 다음과 같다. 펜션 업주는 '네이버 검색 광고'를 통해 '단양 펜션' 키워드를 구입(입찰)한다. 그 후 소비자가 네이버 검색창에 '단양펜션' 단어를 검색했을 때, '가고픈 흙집'이 '네이버 광고 자리에 노출'되며, 소비자가 그 단어를 클릭하면 '가고픈 흙집 홈페이지'로 이동한다.

● 네이버에서 광고 중인 단양 펜션

이처럼 키워드 광고 클릭으로 홈페이지에 들어온 소비자는 홈페이지를 둘러본 후 객실 사진들을 확인하고 예약 여부를 결정하게 되는데, 가고픈 흙집은 안타깝게도 '네이버 키워드 광고'를 통해서는 매출을 올리기가 힘든 상황이었다. 가장 큰 이유는 홈페이지를 포함해 인터넷에 노출된 펜션 모습(사진)이 주변 경쟁 펜션들에 비해서 화려하지 않았기 때문이다. 흙집 형태로 만들어진 펜션은 사진을 여간 잘 찍지 않고서는 예쁘게 나오기 힘들다. 흙집과 더불어 사진이 예쁘지 않게 나오는 펜션의 형태로는 통나무집이 있다. '펜션 홈페이지는 사진발이다'라는 이야기를 종종 하는데 아쉽게도 흙집과 통나무집은 촬영 결과물이 예쁘지 않다. 이런 형태의 펜션은 예쁘게 보이도록 만들기는 힘들지만, 매력적으로 보일 수 있도록 할 수는 있다.

가고픈 흙집의 컨설팅 의뢰를 받은 후 가장 먼저 홈페이지를 확인하고 직접 방문해서 시찰했다. 역시 결과는 내 예상대로였다. 홈페이지의 객실 사진은 최대한 넓고 멋지게 보이도록 광각렌즈를 사용해서 촬영되었고, 모든 사진들은 포토샵으로 보정해서 화사한 색감으로 만들어져 있었다. 당시 홈페이지는 흙집을 예쁘게 보이도록 노력한 흔적이 곳곳에서 보였다. 하지만 앞서 설명한 대로 주목받을 만한 이미지는 없었다.

소위 최상위급 풀빌라나 스파 빌라 정도는 되어야 멋진 객실 사진 몇 장으로 소비자들의 이목을 집중시키고 모객할 수 있다. 그런 멋진 디자인의 펜션은 키워드 광고만 해도 충분히 높은 매출을 올릴 수도 있다. 하지만 가고픈 흙집은 아무리 멋지게 사진을 찍어서 인터넷에 올린다고 해도 예쁘게 나올 수가 없었다. 현재의 광고방법을 뛰어넘는 획기적인 광고방법이 절실한 시기였다. 나는 펜션의 인터넷 광고 상황과 펜션을 모두 둘러보고 펜션 사장에게 이렇게 말했다.

"가고픈 흙집 펜션은 방을 팔면 안 됩니다. 계속 이런 방식으로 광고를 하게 되면 결국 망하게 될 것입니다."

당시 내가 펜션에 방문해서 했던 이 말 때문에 가고픈 흙집 사장은 적잖이 당황했다고 한다.

"네? 그게 무슨 말입니까? 펜션 운영을 하는 사람한테 방을 팔지

말라니 이해할 수가 없군요."

　"추억과 향수를 파세요. 그게 더 승산 있습니다."

　펜션 사장님의 눈이 번뜩이며 다시 나에게 질문을 했다.

　"그게 무슨 말인가요? 좀 더 자세히 말씀해주세요!"

● 검정고무신, 문고리 수저, 아궁이, 흑백사진은 추억과 향수를 자극하는 요소가 된다.

"가고픈 흙집 펜션은 객실 수준으로만 놓고 보면 타 펜션들과 경쟁할 때 굉장히 불리합니다. 흙집은 사진이 예쁘게 나오지 않기 때문에 아무리 멋지게 사진을 찍어서 인터넷과 홈페이지에 올린다고 해도 매출은 크게 늘지 않을 것입니다. 즉, 현재 진행하는 광고방법으로는 경쟁력이 없다는 것입니다. 경쟁력이 없는 방법인데도 계속 진행하실 의향은 없으시겠죠? 하지만 객실이 아닌 추억과 향수를 판매한다면 충분히 승산이 있습니다. 사장님도 그러셨겠지만, 펜션을 운영하는 대부분의 사업자는 우리나라 모든 여행객들의 취향에 컨셉을 맞추려고 하고 있습니다. 커플 여행자들에게 맞추기 위해서 스파를 집어넣고, 가족 여행자들의 입맛에 맞추기 위해서 가든에 놀이기구도 넣고, 단체 여행자들의 입맛을 맞추려고 넓은 객실 공사나 세미나실, 운동장 등을 가꿉니다. 그래서 세월이 흘러가면서 펜션 내·외부의 모습은 점점 더 럭셔리해지고 그만큼 시설 투자비는 높아져만 갑니다. 하지만 그렇게 사업을 한다면 재투자 비용을 감당하기 힘들게 됩니다. 우리나라 모든 사람들의 취향에 맞는 펜션을 과연 만들 수 있을까요? 저는 불가능하다고 생각합니다. 그렇기 때문에 보편적이고 일반적인 소비자들을 잡으려고 노력할 것이 아니라, 마니아를 잡는 것이 작은 펜션에서는 더욱 유리합니다. 지금까지 사장님은 일반적인 사람들이 좋아할 만한 펜션으로 보여지고 싶은 마음에 홈페이지의 모습이나 펜션 시설도 그렇게 꾸려왔습니다. 하지만 소수만을 위한 펜션 운영은 어떨까요? 우리나라 인구가 5,000만입니다. 그중에서 여행을 떠날 수 있는 시간, 경제력이 있는 사람이 1,000만이라고 가정합시다. 이 많은 사람의 입맛을 맞출 것이 아니라 1%의 마니아만 잡는다면 홍보는 더욱 쉬워지겠죠. 1,000만 명의 1%는 10만 명입니다. 사실 10만 명도 너무나도 많은 숫자입니다. 더 소수의 마니아에게 포커스를 맞춘다고 가정하고, 0.1%의 사람들에게만 영업한다고 해도 1만 명입니다. 과연 내 펜션이 1년 내내 영업이 잘 된다고 해도 1만 명을 채울 수 있을까요? 0.1%는 실로 엄청난 숫자입니다. 홈페이지에 부자연스러울 정도로 알록달록하게 꾸민 사진과 플래시 애니메이션은 모두 없애야 합니다. 흙집에 블링블링 알록달록한 모습은 너무나도 어울리지 않습니다. 외부 모습과 방을 예쁘게 보이게 하려고 작업된 억지스러운 모습은 모두 빼버리고 흑백사진을 많이 사용해서 올리는 것이 좋습니다. 그리고 아궁이에 고구마를 굽는 모습, 옆 계곡에서 수박을 깨 먹는 모습, 이른 아침 펜션 주변에 안개가 낀 모습, 문고리에 수저를 꼽아 열쇠처럼 사용한 모습, 슬리퍼보다는 검정 고무신, 시골 평상의 모습, 펜션 지기의 여유로운 웃음. 이런 모습을 홈페이지와 블로그 등 모든 인터넷 공간에 올려야 합니다. 가고픈 흙집이 멋진 객실 사진이 아닌 이런 모습을 보여줘야 모객이 더 잘 되는 이유를 좀 더 설명해보겠습니다. 우리나라 대다수의 주거 형태는 아파트입니다. 그렇기 때문에 좀 전에 말씀드린 그런 이미지는 도심에서 쉽게 찾아볼 수 없는 이미지가 될 수 있습니다. 앞서 설명한 이미지는 바로 추억과 연관된 이미지들입니다. 소수겠지만 분명히 그런 분위기를 원하는 사람들이 있을 겁니다. 어린 시절, 시골 할머니네 집에 놀러 가면 봤었던 큰 솥뚜껑과 아궁이, 그 안에서 익혀 먹던 고구마, 진한 갈색 흙, 고무신 등을 아름다운 추억이라고 기억하는 사람들이 있습니다. 어릴 적 그런 추억이 있던 사람들이 나이가 들어서 이젠 엄마, 아빠가 되었고 그중 몇몇은 멋지고 예쁜 펜션이 아닌, 불편하지만 소박한 시골집 같은 곳에서 머물고 싶어 할 겁니다. 자신이 경험한 좋은 추억을 자식들과 공유하고 싶어 하는 부모들이 가고픈 흙집의 주된 영업대상입니다. 그 시절을 기억하고 싶은 사람들만 집중적으로 공략해도 충분합니다."

"하지만 너무 소수만을 위해 영업계획을 세우면 펜션 운영이 힘들어지지 않을까요?"

"펜션 중에는 멋지고 예쁜 펜션들은 참 많지만, 추억과 향수를 판매하는 펜션을 보셨나요? 있긴 있지만 많지 않습니다. 충분히 차별화된 컨셉이 될 수 있죠. 가고픈 흙집은 0.1%만 확실하게 잡으면 됩니다. 하지만 이러한 펜션의 컨셉을 정한 후에는 소비자들의 눈에 잘 띄도록 홍보력을 키워야 합니다. 인터넷에 홍보하는 방법을 익혀야 합니다. 인터넷에 광고와 홍보하는 방법은 어렵지 않습니다. 꾸준하게 진행한다면 누구나 쉽게 익힐 수 있으니 걱정할 필요는 없습니다."

이후 가고픈 흙집은 추억과 향수라는 컨셉으로 이미지를 바꿔나가기 시작했다. 가고픈 흙집 사장은 인터넷을 거의 활용하지 않으셨던 분이었고 네이버 광고방법이나 블로그, 카페 등은 한 번도 활용해본 적이 없었기 때문에 홍보방법을 익히는 데 조금 시간이 걸렸다. 시작은 꽤 더뎠지만 3개월 정도가 지나고 난 후부터 점차 효과를 보기 시작했다.

ㅍ플로그 | 블로그 | 펜션시기일기 | 흙집만들기2년 | 가고픈흙집 구경 | 충주,단양여행지　　　지도 | 시재 | 엡스 | 메모 | 태그 | 인부

{단양 여행코스} 8...　　장맛비 내린 충주... [b]　　단양 가볼만한곳 "... [2]　　<단양계곡펜션> 작... [7]

● 가고픈 흙집의 블로그. 컨설팅 후 블로그 하루 방문자 수 평균 500~2,000명 이상이 꾸준히 방문하고 있다.

　펜션 홈페이지와 블로그에 흑백사진을 많이 사용했으며, 앞서 소개했던 추억과 향수에 연관되는 이미지를 인터넷에 올리기 시작했다. 그리고 처음부터 블로그 홍보가 잘 되었던 건 아니지만 꾸준한 노력으로 지금은 하루 방문자 수는 500~약 2,000명 정도까지 방문하는 블로그가 되었다. 이 외에도 블로그 지인들을 통해 체험단을 꾸려 종종 블로거들을 초대하고 있으며, 모바일 SNS와 유튜브까지 가고픈 흙집을 노출했다. 그리고 펜션을 노출할 때는 꼭 추억과 향수의 이미지를 녹였다.

　오래전에 유튜브에 업데이트한 가고픈 흙집의 동영상은 멋스럽게 객실 소개를 한 영상이 아니다. 인터뷰 형식으로 펜션 사장이 왜 이곳 산속에 펜션을 짓게 되었는지, 왜 흙집을 손으로 만들었는지를 소개하는 영상이다. 현재 이 영상을 시청한 사람들의 수는 10만 명 이상이 되었다.

단양펜션,한사람의 손으로 2년간 만든 '가고픈흙집' 충주펜션

조회수 101,329회

● 약 10만 건의 조회가 된 가고픈 흙집의 유튜브 영상

그리고 이러한 차별화된 컨셉으로 지속적인 홍보를 한 결과 여러 방송사의 눈에도 취재거리로 비추어졌다. 결국, 이 펜션은 공중파 방송에서도 여러 차례 소개되었다. 만약 가고픈 흙집이 이처럼 명확한 컨셉을 만들지 않았다면 TV 출연까지 할 수 있었을까? 현재 이 펜션 주변에는 화려하고 시설이 좋은 펜션이 꽤 많이 있다. 하지만 소비자와 방송사의 눈에 띈 펜션은 결국 가고픈 흙집이었다. 적당히 예쁘고 적당히 괜찮은 펜션은 전국에 수도 없이 많이 있으며, 높은 수준의 펜션임에도 소비자들의 주목을 받지 못해 예약율이 저조한 펜션들도 수두룩하다. 컨셉이 없는 적당히 높은 수준의 펜션들은 입소문이 나기 힘들다. 주목받기 위해서는 컨셉을 명확하게 해야 하며, 영업대상은 더 명확하게 좁혀져야 한다. 그리고 펜션의 시설 경쟁력이 약할 경우에는 마니아를 위한 펜션이 되어야 한다.

● KBS 〈생생정보통〉에 소개된 가고픈 흙집. 스폰서 비용 없이 촬영하게 되었다.

● 제주도 P펜션의 메인 건물

## 제주 P펜션 ●

사장의 이미지로
매출을 크게 높인 펜션

"

매출을 높여주는
사장의 이미지를
만들자

"

● 소비자 대부분은 지방 작은 마을의 가게 이름을 알 수가 없다. 당연히 작은 가게의 상품도 모르고 신뢰할 만한 상품인지 가늠할 수도 없다. 그렇기 때문에 작은 가게는 소비자가 믿고 제품을 구매할 명분을 만들기 힘들다. 작은 가게는 제품에 신뢰의 이미지를 집어넣는 것이 가장 큰 숙제라고 할 수 있다. 예를 들어 모르는 동네를 걷다가 식사를 하려고 할 때, 대부분의 사람들은 식당 주차장에 차가 많은 곳에 들어갈 확률이 높다. 많은 사람이 찾아왔기 때문에 어느 정도 신뢰할 수 있는 가게라고 예상할 수 있기 때문이다. 하지만

가게가 아무리 크고 멋지게 만들어져 있다고 해도 그 안에 주차된 차와 손님이 하나도 없다면 그 가게는 맛없는 식당일 거라고 예상하고 안으로 들어가길 꺼릴 것이다. 믿고 상품을 구매하도록 하는 신뢰의 이미지는 영업에 가장 필요한 요소다.

작은 업체의 제품에 신뢰의 이미지를 집어넣는 방법은 여러 가지가 있다. 펜션의 경우는 인터넷에 좋은 후기가 많다면 그것이 바로 식당 앞에 주차된 이미지처럼 되어 구매력을 높여주는 역할을 할 수도 있다. 그리고 신뢰의 이미지를 얻을 수 있는 효과적인 방법이 더 있다. 바로 사람이다. 상품을 제공하는 사장의 이미지를 함께 소개하는 것은 신뢰를 얻기 위해 매우 효과적인 방법이다.

사업 규모가 작은 펜션의 경우에는 펜션의 이미지와 사람(사장)의 이미지, 이 2가지 이미지를 함께 노출하면 펜션의 판매율을 높이는 데 큰 도움이 된다.

이처럼 사장의 이미지를 노출해서 소비자들의 주목을 받고 신뢰를 얻은 펜션 사례가 제주도에 있다. 제주 P펜션은 창업 초기 괜찮은 매출을 올리며 잘 운영되던 곳이었다.

2000년대 중반부터 생겨난 저가항공 노선 때문에 제주도 여행객 수가 급격히 늘어, 펜션 창업 직후엔 매출 역시 급격히 늘어나기도 했었다. 하지만 여행자 증가와 함께 제주도 내 펜션 수도 빠르게 증가하게 되었고, 점차 높은 수준의 시설을 갖춘 펜션과 게스트하우스들이 생겨나면서 매출은 금세 떨어지기 시작했다. 위기를 느낀 펜션 사장은 좀 더 차별화된 펜션의 이미지를 만들기 위해 고민하던 중, 이웃 펜션 사장의 소개를 받아 나에게 연락하게 되었다.

제주 P펜션은 넓은 땅에 규모가 꽤 큰 펜션이다. 4동으로 나누어진 건물에는 여러 개의 객실이 있고 각 방은 멀리 바다가 보이는 좋은 전망을 가지고 있다. 푸른 잔디정원은 넓은 부지를 꽉 채우고 있고, 잔디정원 곳곳에는 야자수가 많이 있어서 해외 휴양지의 분위기도 느낄 수 있는 멋진 곳이다.

하지만 이렇게 멋진 공간을 갖고 있음에도 내세울 만한 특별함이 없었던 '제주 P펜션'은 점차 내리막길을 걷고 있었고, 펜션을 알리기 위해서 그저 검색 광고에 등록해서 노출하는 것 말고는 다른 광고와 홍보방법은 전혀 진행하지 않고 있었다.

더 이상 매출이 낮아져서는 안 된다고 판단한 P펜션 사장은 나에게 급하게 연락했고 곧 세일즈를 잘 하기 위한 컨설팅이 시작되었다.

"여행자들이 많아져서 그런지 문의는 많은데 예약률이 너무 떨어져요. 뭐가 문제죠? 옛날에는 10번 정도 전화가 오면 2~3건은 예약이 되었는데 지금은 10건의 전화가 와도 한 건 예약이 될까 말까 합니다."

제주도는 여행자가 사계절 내내 많은 곳이기 때문에 펜션 사업을 하기에 가장 좋은 곳이다. 당시는 제주도에 여행자가 급격히 늘어 유리한 상황이긴 했지만, 유리한 기회는 누구에게나 찾아오는 것은 아니었다. 여행자들은 지역에 고르게 분포해서 숙소를 찾지 않기 때문이다. 결국, 시설이 좋거나 광고를 잘 하는 펜션이나 호텔에 집중해서 몰리는 현상이 발생한다. 시설 경쟁이 불붙은 상황에서 조금이라도 더 유리한 펜션은 아마 최근에 만들어진 멋진 펜션일 것이다. 여러 펜션들이 똑같이 키워드 광고를 했을 경우, 화려하고 예쁘게 만들어진 펜션으로 여행자들이 쏠리는 것은 너무나도 당연하다. 예전에는 P펜션도 그런대로 영업을 잘 해왔지만 이젠 화려한 펜션들이 제주도에 너무나 많이 만들어졌다. 그래서 경쟁 펜션만큼 다시 시설 투자를 하든지, 시설 경쟁을 뛰어넘을 만한 컨셉을 만들든지 이 2가지 중 하나는 해결해야만 과열 경쟁에서 살아남을 수가 있는 상황이었다. 하지만 이미 땅과 건축에 많은 자금이 투자된 상황에서 또다시 많은 돈을 들어 펜션을 공사할 수도 없었기 때문에 가능한 홍보방법에 집중하기로 했다.

나는 깊이 있게 펜션의 상황을 파악한 후 제주도에서 P펜션 사장과 만나게 되었다. 술을 좋아하는 나를 위해 펜션 사장은 펜션 마당에 술자리를 펴놓고 나를 맞이했다. 아마도 나와 좀 더 허심탄회하게 이야기를 나누고 싶어서 신경 쓴 자리였으리라 생각된다. 그 자리에서 나는 현재 제주도의 상황, 앞으로 나아가야 할 방향, 그리고 당장 P펜션이 이 위기를 빠져나갈 몇 가지 방안을 설명했다.

"펜션과 저, 둘 다 보여줘야 한

● 저녁 식사 자리에서 펜션 상황에 대해 설명하는 P펜션 사장

chapter 3. 매력적인 컨셉으로 대박 난 펜션 사례

다고요?"

"네, 맞습니다. 펜션의 시설 수준을 높일 수는 없으니 신뢰할 수 있는 기대치를 높여 상품을 팔아야 합니다. 상품을 잘 팔기 위해서는 '믿을 수 있는 상품'이라는 이미지를 만들어야 하는데 그 신뢰할 수 있는 이미지를 만들기 위해서 가장 좋은 방법은 펜션을 운영하는 사람을 매력적이고 신뢰할 수 있는 사람으로 표현하는 것이 가장 효과적입니다."

"자, 그럼 사장님을 멋지게 표현할 수 있는 재료가 무엇이 있을까요? 이제 저에게 사장님이 어떤 분인지 이야기를 좀 해주세요. 이야기를 들으면서 좋은 소재가 있는지 생각해보겠습니다. 뭘 좋아하세요? 취미가 뭔가요? 아님, 어떤 분야에 전문적인 정보를 갖고 있나요? 어떤 것이든 저에게 말씀해주세요."

펜션이 아닌 사람(사장)을 매력적으로 표현하기 위한 소재를 찾기 위해서 한참을 이야기했다. 그때 나왔던 이야기 소재는 '마라톤'이었다. P펜션 사장은 마라톤을 했던 분이고, 선수로도 활동했었다. 그리고 펜션 사업을 하기 직전까지 학생들을 가르쳤던 경력을 갖고 있었다. 마라톤에 매우 전문적인 지식을 가진 분이었다. 그래서 P펜션 사장은 '마라톤을 컨셉으로 하면 어떨까?' 하는 의견을 내놓았다. 전국적으로 마라톤 또는 달리기 등에 관심이 있는 사람들의 수는 많지만, 소비자들의 관심을 끌 만한 콘텐츠(사진, 글, 동영상)를 만들기에는 제한적이다. 그리고 사람들의 눈길을 사로잡는 컨셉은 아니다.

그래서 나는 다시 이전에 내가 경험했던 펜션 사례들을 소개하며 펜션 사장의 이미지를 어떻게 하는 것이 좋을지 계속 대화를 이어갔다.

테이블에 술병이 하나둘씩 쌓여가면서 사적인 이야기를 좀 더 깊게 나눌 수 있게 되었고, 좋은 아이디어는 편하게 이야기를 하던 중에 나오게 되었다.

"사장님 뭘 가장 하고 싶으세요? 평소 동경하던 거 말입니다."

P펜션 사장은 내 말이 끝나자마자 기다렸다는 듯이 답을 하기 시작했다.

"할리 데이비드슨 오토바이!"

"네? 오토바이요?"

"그거 모르세요? 크고 우렁찬 엔진 그리고 번쩍이는 가장 마초적인 오토바이요! 멋지지 않나요? 사실 오래전부터 할리 데이비드슨을 타고 제주의 아름다운 길을 달리고 싶었죠."

"지금이라도 하면 되잖아요?"

"아내가 위험하다고 반대하기도 하고 그걸 타려면 면허도 따야 됩니다."

"그겁니다! 그 이미지로 하죠!"

소비자에게 비춰진 사장의 모습은 장사꾼의 모습보다는 전문가나 부러움을 느낄 만큼 매력적인 모습이 효과적이다. 그리고 이런 이미지는 SNS에 노출할 때 더 주목받게 된다.

P펜션 사장의 이미지를 '마라톤 전문가'가 아닌 '크고 멋진 할리 데이비드슨을 타고 제주도를 누비는 중년 아저씨'의 이미지로 컨셉을 잡기로 했다.

P펜션 사장은 틈틈이 연습해서 큰 오토바이를 타기 위한 면허를

따고, 너무나도 동경했던 할리 데이비드슨을 구입하게 되었다. 그리고 펜션에 손님들이 없는 날에는 오토바이를 타고 제주도 곳곳을 드라이브하며 SNS에 사진을 올리기 시작했다.

가죽 재킷과 독특한 헬멧 그리고 선글라스를 착용한 중년의 남자가 큰 오토바이 위에 앉아서 셀카를 찍으면서 여행지를 간단하게 소개한다. 그런 SNS 글들은 컨셉 없이 무작정 펜션 사진을 올리던 때와 달리 사람들의 관심과 반응이 매우 빠르게 작용했다. 당시에는 여러 SNS 이용 방법을 배워서 시작했지만, 가장 뜨거운 반응이 오는 것은 네이버 포스트였다.

SNS는 유행에 따라 사용자들이 쉽게 다른 서비스로 이동하니, 집중해서 관리할 SNS를 시류(時流)에 잘 따라 선택해야 한다. 최근에는 인스타그램과 페이스북이 가장 많이 이용되고 있다.

● 제주도 P펜션과 할리 데이비드슨 오토바이

### ⓕ 제주 P펜션 SNS의 글 1 ⓘ

오늘의 제주도 드라이브코스 찰칵!

펜션에 손님이 없는 오늘… 당연히 엔진소리 한번 들어야겠죠. 오늘 도착한 곳은 쇠소깍입니다. 제 펜션에서는 약 30분 정도 걸리는데요. 제주여행을 한다면 꼭 한 번 들려보는 것이 좋습니다. 날이 좋을 때는 작은 카약을 타고 바다 아래를 구경할 수도 있어요.

### ⓕ 제주 P펜션 SNS의 글 2 ⓘ

오늘의 제주도 드라이브 코스 찰칵!

오늘 제 애마를 끌고 찾아간 곳은 성산 일출봉입니다. 저희 펜션에서는 약 20분 정도 거리에 있죠. 제주도에서 지내면서 워낙 많이 봐온 모습이라서 저에게는 그리 감동적이진 않습니다. 우리 펜션의 전망도 끝내주거든요.

오늘 이 근처를 찾은 이유는 맛집을 찾아가기 위해서입니다. 성산 일출봉 바로 앞 위치한 OO식당인데 가격도 맛도 일품입니다. 제주도에 놀러 오시면 한번 이 식당에 들려보세요. 예전에는 현지분들만 알고 있었는데 점점 여행객들에게도 소문이 났나 봅니다. 조금 복잡하지만 그래도 맛은 이상 없습니다!

### ⓕ 제주 P펜션 SNS의 글 3 ⓖ

오늘의 제주도 드라이브코스 찰칵!

햄버거 하나 사러 나오는데도 제 애마가 함께했습니다. 다음 주에 할리 동호회에서 저희 펜션에 온다고 하는데 저도 그 대열에 끼어서 드라이브하기로 했습니다.

벌써 기대가 되네요. 할리 동호회가 오면 다시 사진 올려보도록 하겠습니다.

상업적인 이미지가 빠진 SNS 글처럼 보이지만 펜션 사장의 좋은 이미지와 주목받는 큰 오토바이, 그리고 펜션에 대한 간접홍보까지 모두 한 편의 글에 녹여놓았다. 이러한 글과 사진은 소비자들에게 점차 부담 없이 다가가게 되었다.

예전에는 P펜션의 블로그나 SNS에 올리는 사진들은 대부분 펜션 외부나 객실의 모습만 소개되었다. 소비자들은 그러한 글을 상업적인 글로 판단하고 관심을 가지지 않았다. 하지만 할리 데이비드슨에 푹 빠진 중년 아저씨의 모습은 유쾌하고 엉뚱했다.자유롭게 사는 모습이 여유로워 보였으며, 은색의 큰 오토바이는 갖고 싶을 만큼 매력적으로 보였다. 이런 연출을 해서 SNS에 올릴 때마다 팔로워들의 반응은 전과 달리 매우 따뜻하고 친근했다.

그들의 덧글은 다음과 같다.

> ### 🅕 제주 P펜션 SNS의 덧글 📷
> 
> - 아저씨 너무 멋집니다. 오토바이도 너무 멋지네요! 다음에 또 제주도의 아름다운 곳들 소개해주세요.
> - 사진만 보는 것으로도 힐링됩니다. 저도 제주도를 오토바이로 일주해보고 싶어요. 펜션에 한번 놀러 갈게요. 제주도 놀러 가면 아저씨 한번 만나봐야겠네요.
> - 좋은 글 또 올려주세요.

펜션 객실을 판매하려면 먼저 소비자들의 시선을 끌어모은 후에 내가 판매할 상품을 보여줘야 한다. 하지만 대부분의 많은 펜션사장은 소비자를 주목시키는 방법을 이용하지 않고, 미련할 정도로 오직 상품만을(펜션) 광고나 홍보를 통해 노출하고 있다. 하지만 주목이 우선이다!

상품을 지속해서 사람들에게 노출하면 소비자들이 구매할 거라고 생각하는 사람들도 있지만, 소비자는 크게 반응하지 않는다.

제주도 P펜션은 사람 냄새나는 좋은 컨셉을 만든 후, 점차 사장의 이야기에 관심을 갖는 사람들의 수를 늘려나가게 되었다.

소비자들에게 주목받는 상품은 판매율이 높아신나. 하지만 이 단순한 원리를 많은 사람들이 놓치고 있기 때문에 '주목'에 대해서 쉽게 이야기해보려고 한다.

내 나이와 비슷하거나 나보다 좀 더 연배가 있는 분들은 길거리 장사꾼들을 기억하고 있을 것이다. 옛날에는 동네 곳곳을 돌며 상품을 판매하는 '약장수'라는 사람들이 있었다. 거리의 많은 사람을 끌어모아 이목을 집중시키고 판매하는 방식. 단순하지만 세일즈의 가장 기본이라고 할 수 있다. 그들의 판매방식은 다음과 같다.

## 약장수의 판매방식

### 1단계

먼저 사람들이 많이 다니는 거리를 물색한다.

### 2단계

거리에서 사람들을 빠르게 모으기 위해서 큰 구렁이를 꺼내놓기도 하고 원숭이를 훈련시켜서 재롱을 넘도록 한다. 만약 물건을 빨리 팔고 싶은 마음에 급히 상품부터 꺼내놓게 되면 구경꾼들은 곧 상품에는 흥미를 잃고 그냥 지나쳐버린다.

### 3단계

신기한 구렁이와 원숭이의 재롱에 제법 사람들이 많이 모였다. 하지만 지금 급하게 물건을 팔아서는 안 된다. 좀 더 구경꾼들이 좋아하는 것들을 보여주며 즐겁게 만들어주고 더 주목받기 위해 노력한다. 약장수는 웃고 있는 사람들을 향해 "언니", "삼촌", "어머니, 아버지"를 외치며 사람들의 경계심이 풀어질 때쯤에 주 영업대상만을 남겨두고, 영업대상이 아닌 사람들은 제외시킨다.

"자, 애들은 가라", "자 이 약으로 말씀드릴 것 같으면…"이라고 소리치며 물건을 사줄 가능성이 있는 사람에게 눈을 맞추며 판매에 집중한다.

현재는 기술이 발전해서 인터넷이라는 시스템을 이용하는 것뿐, 옛날의 영업방식이나 지금 인터넷을 통한 영업방식은 크게 다르지 않다. 앞서 설명한 1단계의 예처럼 펜션 사장은 사람들이 많이 다니는 거리에 좌판을 펼쳐야 한다. 즉, 펜션은 내 영업 대상들이 어떤 온라인 서비스를(SNS, 검색엔진 등) 가장 많이 사용하는지를 조사한다. 그리고 원숭이의 재롱과 같은 효과를 얻기 위해 전문성을 띤 정보나 재미있는 정보 등을 소개해서 콘텐츠를 즐기는 사람들이 모일 때까지 지속해서 노출한다. 인터넷에서 인지도를 쌓고 팔로워를 점차 늘려나가며 친밀도를 높여간다. 사람들의 수가 점차 많아지게 되면 비로소 내 펜션 상품을 친근함과 신뢰의 이미지로 포장해서 그들에게 판매한다. 만약 객실을 빨리 판매하고 싶은 마음에 SNS에 객실 사진들만 잔뜩 올려놓게 되면 소비자는 홍보성 글이라고 판단하고 내 글에 관심을 보이지 않을 것이다. 그렇기에 인터넷에 펜션을 홍보하기 위해서는 위 순서와 같이, 먼저 소비자의 주목을 받은 후에 판매해야 한다.

이 방법을 잘 따른 제주도 P펜션은 기본적인 노출을 위해 검색 광고나 인터넷 등록을 모두 마친 후, 컨셉을 만들고 블로그나 SNS 활동을 꾸준히 진행했다. 매출은 점차 증가하게 되었으며, 인터넷에 꾸준히 올린 여러 글 중 몇 편은 약 1만 명에서 1만 7,000명 이상이 조회한 인기 콘텐츠가 되었다. 결국, 그리고 그 트래픽은 매출과 직결되었다.

다시 말하지만, 사업 규모가 작을수록 주목받는 신뢰의 이미지를 만드는 것은 무엇보다 중요하다. 신뢰의 이미지를 심어주기 위해서 사람(사장)을 소개하는 것만큼 좋은 것은 없다. 그리고 그 사람에 소비자의 시선이 집중되도록 해야 한다.

　지금까지 소개한 이미지는 소비자가 인물에 집중하도록 만드는 방식이었다. 다음 편에서는 사장의 이미지를 이용해서 펜션 전체의 이미지까지 매력적으로 만드는 방법을 소개하려고 한다.

"소비자가 펜션을 신뢰하고
주목하도록 하기 위해서
인물을 브랜딩하는 데 더 집중해야 한다."

● 펜션 사장의 이미지로 구매율을 높인다.

## 경기도 A펜션 ●

사장의 이미지로
매출을 크게 높인 펜션

"
신뢰의 이미지는
곧 매출과
연결된다
"

● 판매를 위해 단순히 소비자들 눈앞에 상품을 보여주는 것만으로는 무리가 있다.

앞서 소개한 제주도 P펜션은 펜션보다 사람(사장)을 더 앞세워서 성공한 사례로, 펜션 뿐만 아니라 식당, 카페, 카센터 등 많은 소상공인들이 관심을 가져야 할 만한 좋은 사례다.

이러한 성공사례의 핵심은 바로 '신뢰'다.

앞서 소개한 내용을 좀 더 구체적으로 설명하자면 다음과 같다. 규모가 큰 기업들 즉, 삼성이나 LG 등은 누구나 다 잘 알고 있는 기업이다. 그리고 대기업이 오랜 시간 쌓아온 이미지는 소비자들의 신뢰를 받기 충분하다. 그렇기 때문에 대기업은 눈에 띄는 단순한 브랜드 로고를 사람들에게 자주 보여주는 것만으로도 소비자들의 관심을 충분히 유발시킬 수 있다. 하지만 문제는 규모가 작은 소상공업의 경우는 전혀 그렇지 않다는 것이다. 우리는 삼성이 아니기 때문에 소비자는 '나의 작은 사업장'을 인지할 수도 없으며, '작은 사업장'에서 만든 제품이 신뢰할 수 있는 상품인지 가늠할 수도 없다.

상품을 판매하기 위해서는 상품을 소비자의 눈앞에 '노출'시키고 해당 상품의 '신뢰'를 심어주고, 결국 '판매'로 이루어지도록 해야 한다. 물건을 팔기 위해 신뢰할 수 있는 이미지는 가장 필요한 이미지 중 하나지만 작은 업체가 그런 이미지를 만드는 것은 쉽지 않다. 하지만 방법이 없는 것은 아니다. 답은 바로 사람에게 있다.

규모가 작은 사업장의 경우 회사의 로고를 노출하는 것보다 회사를 운영하는 대표자의 모습을 노출하는 것으로 더 빨리 신뢰의 이미지를 얻을 수 있다.

예를 들어 일식집을 광고할 때 '100평 규모의 일본 전통 일식집'이라는 가게 이미지보다, 'OO호텔 출신의 요리사가 운영하는 일식집'의 이미지가 더 신뢰할 수 있는 이미지가 될 수 있다. 거기에 그 일식집 대표자의 이미지를 더 온화하거나 전문적인 모습으로 연출하면 그 신뢰의 효과는 더욱 커지게 된다.

TV 광고에서 우리에게 친숙하고 익숙한 연예인을 상품과 함께 노출시키는 것도 이러한 이미지 마케팅과 일맥상통하는 방법이다.

그럼 이번 사례를 통해 펜션 상품에 사장의 이미지를 입히고 어떻게 매출로 이어지도록 할 수 있는지 성공사례를 통해서 알아보도록 하자.

14개의 펜션이 모여 있는 작은 마을. 그 마을은 펜션 사업이 막 유행을 타기 시작하면서 거의 동시에 10여 개의 펜션이 만들어진 곳이다. 하지만 그 마을에서 오래전부터 운영되던 작은 A펜션은 주변에 거의 동시에 만들어진 수준 높은 펜션들로 인해 예전 같은 매출을 만들지 못하고 고전하고 있었다. 나에게 의뢰를 한 A펜션 주변에는 유럽형 화이트 목조건물에 객실에는 스파가 들어가 있고 마당에는 큰 수영장이 있는, 당시로서는 대단히 멋진 펜션들로 둘러싸여 있었다. 펜션 운영의 초보자들이 봐도 이 펜션은 위기 상황이었다.

당시 펜션 사장은 경기도청에서 지원했던 나의 강의에 참석한 후 더 전문적인 컨설팅을 받고자 나에게 전화했다.

"안녕하세요. 펜션 컨설팅을 받고 싶은데요….”

"네, 반갑습니다. 어떤 상황인지 상세하게 알아보기 위해서 몇 가지 질문을 드리겠습니다.”

첫 번째 전화 상담에 많은 질문과 답이 오가면서 A펜션에 대해서 많은 것을 알게 되었다.

"제가 운영하는 펜션은 규모가 그리 크지는 않습니다. 방은 5개고 수년 동안은 그럭저럭 괜찮게 매출을 올리고 있었습니다. 하지만 주변에 펜션들이 많이 생겨나면서 주변 펜션에 비해 노후화된 저희 펜션은 점점 인기가 떨어졌습니다. 잘 아시겠지만, 주변 펜션들은 굉장히 화려하거든요. 반면 저희집은 통나무집입니다. 주변 펜션들이 럭셔리 호텔이라면 저희 펜션은 산속에 박혀 있는 작은 산장 이미지라고 할 수 있죠.”

"그렇다면 지금까지 광고나 홍보는 어떻게 했었나요?"

"남들 하는 거 만큼은 했습니다. 비싼 키워드 광고도 해봤죠. 옆집이 100만 원을 쓰면 저도 100만 원을 쓰고, 옆집이 200만 원을 쓰면 저도 200만 원을 썼습니다. 하지만 이 방법도 능사가 아니라는 걸 알게 되었습니다. 광고비는 점점 더 들어가는데 매출은 오히려 줄게 되었습니다. 여기서 더 늦으면 손 쓸 수 없는 상황으로 갈 수도 있다고 생각돼서 선생님께 전화를 드리게 되었습니다."

현재 A펜션이 인터넷에 노출된 모습과 광고를 진행한 상황을 잘 알고 있던 나는 이렇게 답했다.

"키워드 광고를 통해 홈페이지를 노출하는 광고방법은 사장님의 펜션에 맞지 않는 광고방법입니다. 주변에 점점 멋진 펜션들이 생겨난다고 하셨죠? 그럼 당연히 그 펜션들도 키워드광고를 열심히 하고 있겠네요? 하지만 제가 인터넷을 통해서 확인해본 결과 A펜션 홈페이지에서 보이는 모습은 주변의 멋진 펜션들에 비해서 매력이 떨어져 보입니다. 알록달록 화려하게 치장하려고 한 노력의 흔적은 보이지만, 결국 시설 수준이 낮은 펜션처럼 보이죠. 좀 전에 사장님이 주변 펜션을 럭셔리 호텔이라고 하고 본인 펜션을 산장이라고 표현했죠? 그런데 그걸 알고 있으면서 정작 집행한 광고는 그들과 똑같이 했다니 이해가 가지 않습니다. 이해를 돕기 위해 예를 들어보겠습니다. 사장님이 저 멀리 태국의 파타야에 여행을 가려고 계획 중이라고 가정해보죠. 먼저 인터넷의 호텔 예약사이트를 찾아보겠죠?

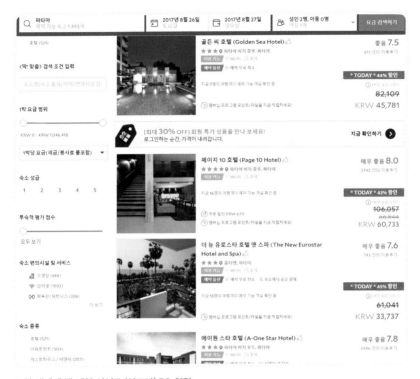

● 전 세계 호텔 예약 사이트 '아고다' PC 화면

　　모니터 화면에서 여행하고 싶은 지역을 클릭하니 인기가 좋은 럭
셔리 호텔이 모니터의 위쪽에서 보이고 마우스로 조금 아래로 내려보
니 모텔 수준의 호텔이 보인다면 어디를 결정하실 건가요? 만약 가격
도 비슷하다면요? 모니터 위쪽에 보이는 럭셔리 호텔로 결정하겠죠.
아마 대부분의 사람들이 그렇게 결정할 겁니다. 그런데 만약 호텔의
객실 수준을 떠나서 차별화된 정보를 담고 있는 호텔을 발견했다면 어
떨까요? 호텔 수준은 좀 떨어지지만, 맑고 깨끗한 해변 앞에 호텔이 있
고 바로 앞에서 다양한 수상스포츠를 즐길 수 있는 호텔이 있다면요?

만약 사장님의 여행 목적이 수상스포츠를 즐기는 데 초점이 맞춰졌다면 아마 호텔 수준이 좀 떨어져도 후자를 선택할 수도 있을 것입니다. 같은 이치입니다. 지금 사장님의 펜션이 인터넷에 노출된 모습을 보니 결과는 불 보듯 뻔합니다. 펜션의 장점은 제대로 부각시키지도 못하고 화려한 펜션들과 같이 객실만 보여주면서 경쟁하고 있습니다. 그 때문에 대다수의 사람들은 화려하고 멋진 펜션으로 예약하는 것입니다. 결국, 예약이 잘 되는 펜션들은 홈페이지를 통해 멋진 모습을 보여주는 펜션들이며, 지금 사장님이 하는 광고방식은 화려한 펜션에 어울리는 광고라는 겁니다. 그러니 지금까지의 광고방법으로는 사장님의 펜션이 좋은 매출을 올리기 힘들었을 겁니다. 내 펜션이 경쟁력을 갖출 수 있도록 명확한 여행 목적을 가진 소비자들이 좋아할 만한 이미지로 만들어야 합니다. 앞서 예로 소개한 해외 호텔처럼 객실이 아니라 수상 스포츠와 같은 다른 매력을 더 부각해야 합니다."

긴 시간 상담 전화를 마친 후, 펜션에 찾아가서 여기저기를 둘러보며 확인했다. 펜션 사장이 이야기했던 것처럼 마치 오래된 '산장'을 보는 듯했다. 펜션에 도착해서 외부와 객실 내부를 둘러본 후에 펜션 사장에게 조금 황당한 제안을 했다.

"제가 3주 정도 후에 다시 돌아오겠습니다. 그동안 면도를 하지 마세요. 그리고 제가 다시 오는 날에는 청바지와 체크무늬 남방과 같은 옷을 입고 기다리세요. 꼭 약속하셔야 합니다."

나중에 들어보니 처음 내가 펜션에 찾아가서 했던 이 제안 때문에 펜션 사장은 무척이나 당혹스러웠다고 했다. 고작 턱수염이 얼마나 대단한 영향을 미칠지 그분은 전혀 알지 못했기 때문이다.

왜 펜션 사장에게 3주 동안 면도를 하지 말라고 했을까? 이유는 사람을 캐릭터화해서 좋은 인상을 만들고, 신뢰와 관심을 유발하는 이미지로 만들기 위함이었다. 그리고 그 이미지를 이용해서 펜션의 전체 이미지를 더 매력적으로 보이도록 하기 위해서였다.

## 산장을 호텔답게 연출하는 것이 아니라 산장을 더욱 운치 있게!

한번 상상을 해보자. 통나무집이 가장 잘 어울리는 곳은(지역) 어디일까?

만약 통나무로 만들어진 아담한 산장이 지리산 중턱에 떡 하니 자리 잡고 있다면 얼마나 운치 있고 멋있을까? 반대로 지리산 중턱에 하얀색의 유럽식 스파 펜션이나 현대적인 노출콘크리트 펜션 등은 지리산의 산속과 잘 어울리지 않을 것이다.

A펜션은 잘나가는 펜션 단지 사이에 있기 때문에 상대적으로 수준이 떨어져 보였을 뿐이다. 만약 지리산에 위치해 있었다면 이미지가 완전히 바뀌었을 것이다. 그렇다면 답은 나왔다. 펜션을 지리산으로 옮기는 것이다. 그러나 이는 희망 사항일 뿐, 현실적으로 그렇게 할 수는 없다. 하지만 실망할 필요는 없다. 지리산으로 옮기지 않아도 충분히 산장 느낌으로 만들 수 있다. 그래서 나는 펜션 컨설팅을 시작하면서 가장 먼저 산장의 이미지를 방해하는 것들을 없애라고 주문했다. 옆집 스파 펜션을 의식해서 설치한 것들을 먼저 없앴다. 통나무집과는

어울리지도 않는 캐노피(일명 공주 침대)를 떼어버리고, 알록달록한 커튼은 단순하고 차분한 천으로 교체하고, 광목천으로 된 이불로 변경했다. 화려한 벽지와 창과 문틀의 필름 작업을 한 것들을 떼어내도록 했다. 오래된 나무 기둥이 드러나면서 점차 세월이 묻어나는 산장의 모습으로 보이기 시작했다. 인테리어를 새로 한 것보다 버린 것이 더 많았다. 그리고 홈페이지는 알록달록한 색감으로 가득 찼던 모습을 지우고 홈페이지 메인 화면에 턱수염이 가득한 펜션 사장(털보아저씨)의 모습을 더욱 많이 노출시켰다.

무엇보다 빠른 시간에 통나무집을 산장처럼 만들 수 있는 가장 강력한 요소는 역시 사람이었다.

턱수염이 가득한 인심 좋아 보이는 털보아저씨가 껄껄 웃는 모습, 모닥불을 만들 나무를 자르는 모습, 여행자들과 막걸리를 마시는 모습들을 이후 홈페이지와 더불어 인터넷에 노출할 수 있는 모든 공간에 노출했다. 당시 해당 펜션을 검색하면 객실 사진보다 털보아저씨의 이미지가 더 많이 노출되었다. 주변 펜션들은 평범한 객실을 포토샵을 이용해 화려하게 편집해서 노출하는 방법을 지속해왔기 때문에 이런 독특한 털보아저씨 이미지는 소비자의 주목을 받기에 충분했다. 인터넷을 통해서 꾸준히 털보아저씨의 이미지를 노출한 후 많은 변화가 생기기 시작했다. 예전에는 손님들이 전화해서는 이와 같은 질문이나 부탁을 했었다.

## BEFORE

"옆집은 욕조도 있던데 조금만 깎아주세요."
"펜션이 좀 낡아 보이는데 벌레가 많은가요?"
"침대가 불편해 보이던데 사이즈는 어떤가요?"
"가족 여행을 하려는데 기준인원보다 한두 명 더 들어가도 무료로 해주나요?"

예전엔 이런 식의 기분 상할 이야기를 많이 들었다고 했다. 하지만 털보아저씨의 이미지를 꾸준히 노출한 후 손님들의 반응은 너무나도 달라졌다.

## AFTER

"털보아저씨 인상이 너무 좋아 보여요."
"제가 가도 막걸리 한 잔 주시나요?"
"털보아저씨 산장이 너무 운치 있어요."
"자연인처럼 사는 모습이 부럽습니다."
"한번 만나보고 싶습니다."
"아무것도 하지 않고 편히 쉬기 좋은 곳 같습니다."

결국, 손님들은 펜션(상품)보다 오히려 사장에 더 관심을 가지게 되었으며, 더불어 펜션도 매력적인 산장이라는 이미지가 만들어지기 시작했다.

컨셉을 만들기 이전의 A펜션의 이미지는 '멋진 펜션들 사이의 조금 수준이 떨어지는 펜션'이었다. 하지만 컨셉을 만들어 홍보한 이후에는

'털보아저씨가 운영하는 산장', '운치 있는 산장', 또는 '털보아저씨네집'
이 되어버렸다. 물론 이러한 확실한 컨셉은 매출에 큰 영향을 미쳤으
며 광고료를 절반 이하로 낮추었음에도 입소문은 계속 퍼져나갔다.

"특별히 자랑할 만한 것이 없는데 돈 버는 컨셉을 만들 수 있습니
까?"라는 자신감 없는 사장들의 질문을 참 많이 받았다. 내 답은 'YES'
다. 펜션의 수준이 높고 낮음을 떠나 소비자의 시선을 끄는 컨셉은 얼
마든지 만들 수 있다.

적당히 예쁘고, 적당히 청결하고 적당히 친절한 펜션을 운영할 것인
가? 아니면 소비자가 한눈에 관심을 가질 만한 펜션을 운영할 것인가?

펜션의 컨셉은 펜션 사업의 시작이다.

● 펜션의 컨셉은 고급보다는 차별화가 우선이다.

## 춘천 H산장 ●

남들이 갖지 못한
독특한 컨셉으로
인기를 얻은 펜션

"

펜션의 컨셉은
시설 업그레이드보다
차별화가 우선이다!

"

● 이번 사례는 막대한 투자를 해서 업그레이드하는 것보다 차별화가 얼마나 더 중요한지를 알 수 있는 좋은 사례다.

H펜션은 오래전부터 넓은 객실과 넓은 운동장을 이용해서 단체 수련회와 야유회 등의 단체 여행자를 상대로 운영하고 있었다. 하지만 2000년대 중반, 고급 펜션이 주변에 생겨나면서 H펜션의 예약률은 점차 낮아졌다. 하지만 대책을 세우지 않고 이후 3~4년을 더 방만하게 운영했고, 결국 회생 불능 상태에 이르게 되었다. 손쓸 수 없는 상황이 되자 펜션을 팔까도 생각했지만, 생각대로 매매는 이루

어지지 않았다. 결국 다시 펜션을 살리기로 마음먹고 대대적인 투자를 통해 전면적으로 업그레이드하기로 했다.

낡았던 건물의 외부와 내부를 멋지게 새로 공사하고, 넓은 펜션부지에는 캠핑장과 글램핑장을 만들기로 했다. 공사가 시작될 무렵 H펜션 사장은 지자체에서 주관한 펜션마케팅 교육에 참여하게 되었고, 강의 직후 나를 찾아와 컨설팅을 의뢰하게 되었다. 상세한 상담을 나눈후 나는 H펜션에 찾아가 보기로 했다.

내가 H펜션을 찾았을 때는 이미 넓은 펜션 부지에 캠핑장을 위한 토목공사가 진행되고 있었다. 현재도 인기가 있지만, 당시에는 캠핑이 대중적으로 인기가 빠르게 확산되고 있던 시점이었다. 캠핑장을 차려놓기만 하면 사람들이 몰려온다고 하던 시기였다. 이런 분위기를 타서 H펜션은 캠핑장과 예쁜 컨셉을 테마로 한 펜션을 만들기 위해 고심을 하고 있었다. 그리고 총 공사비용은 약 2억 원이었다.

나는 상담을 통해 펜션 사장의 의중과 H펜션의 온라인과 오프라인의 노출 상황을 파악했다. 당시 H펜션은 이름은 홍길동 산장(가명)이었다. 그리고 각 방의 이름은 프로방스방, 샹그릴라방, 인터라겐방 등으로 방 이름이 매우 화려했다. 하지만 좋은 단어들만 가져다가 붙였을 뿐, 펜션의 이름과 방의 이름이 일치되는 느낌이 없었으며 방은 휑하니 매우 넓고 수준은 떨어졌다. 오래된 텔레비전, 낡은 나무 옷장, 오래된 싱크대 등 어디에서도 고급스럽거나 이색적인 느낌을 찾아볼 수 없었다. 이런 객실에는 프로방스나 샹그릴라라는 이름을 붙이기 민망할 정도였다.

**대박 펜션의 비밀**

소비자가 '프로방스'라는 이름의 객실 문을 열었을 때 마치 군대 내무반 같은 방이 나온다면 대부분의 소비자는 실망할 것이다. H펜션은 그렇게 10년 가까이 영업을 해오고 있었다. 그저 좋은 이름들을 펜션 여기저기 가져다 붙여놓은 것일뿐, 객실을 판매하기 위한 어떤 전략도 보이지 않았다.

현재 진행되는 공사도 마케팅을 위한 전략이 없을 것만 같았다. 불필요하게 큰돈만 쓰는 것이 아닐까 염려스러워서 펜션 사장에게 질문했다.

"공사 예산으로 2억 원이면 대대적인 변화를 생각하는 것 같은데, 어떤 컨셉을 잡고 공사를 진행하려고 합니까?"

"주변의 펜션들이 최근에 굉장히 화려해져서 우리 펜션도 대대적으로 객실 인테리어를 해야 할 거 같습니다. 객실은 벽화를 그려 넣을 예정이며 객실에는 제트 스파를 넣고 TV는 50인치 이상의 벽걸이형을 넣으려고 합니다. 그렇게 된다면 객실이 확실하게 업그레이드되겠죠? 그리고 저희 펜션이 땅이 매우 넓어서 약 3000평에 글램핑장을 만들 계획입니다. 럭셔리한 글램핑은 아니지만 그래도 괜찮은 유명 브랜드의 텐트를 넣을 예정이고 약 두 곳에 샤워실 겸 화장실도 만들 예정입니다. 그럼 멋진 캠핑장 겸 펜션이 만들어지겠죠?"

"그래서 예산을 많이 잡으셨군요. 하지만 지금 말씀하신 대로 공사를 한다면 그럭저럭 예쁜 수준의 펜션은 될 수 있을 것입니다. 하지만 여기서 예쁜 수준의 펜션이란 평범한 것보다는 조금 더 나은 수준을 말하는 것이지, 매력적인 펜션이라고 하기에는 부족할 것입니다. 요즘에는 워낙 럭셔리한 곳들이 많이 생겨서 그런 펜션을 상대로 경쟁하기

엔 부족할 겁니다. 부티크 호텔에 버금가는 인테리어로 무장한 펜션들이 계속 만들어지고 있거든요. 설령 인테리어로 소비자의 눈을 사로잡는다고 해도 길어야 2~3년일 것입니다. 유행은 금방 지나가거든요. 그럼 2~3년 후에 다시 또다시 수천만 원의 비용을 들여서 인테리어를 하실 건가요? 그렇게 되면 안 되겠죠. 그러니 비용이 많이 들어가는 인테리어로 펜션의 이미지를 만들려고 하기보다는 차별화된 독특한 이미지로 변신시킬 고민을 먼저 해보는 것이 좋습니다."

"그렇게 독특한 이미지가 있을까요?"

"물론입니다. 각각의 펜션은 지리적 위치, 펜션의 주변 경치, 주변 여행지, 펜션 운영자의 이미지 등 모든 펜션이 가진 성격이 달라서 차별화된 이미지는 많이 나올 수 있습니다. 못 찾는 것뿐이죠. 펜션에 '이야기를 입힌다'는 생각으로 천천히 펜션을 둘러보면 됩니다. 제 이야기를 한번 들어보시겠습니까?"

"물론이죠. 좋은 아이디어 좀 내주세요. 부탁드립니다."

"네, 공사비용을 절반 이하로 줄이고 사람들이 더 주목할 만한 컨셉을 구상해보겠습니다."

이후 주변의 경쟁 펜션을 파악하고 H펜션이 속한 지역 여행자들의 평균 연령대, 여행 형태 등을 분석 후 다시 H펜션 사장을 만났다.

"좋은 아이디어가 나왔나요?"

펜션 사장에게 몇 가지 컨셉을 이야기했고 가장 현실적으로 진행이 가능한 아이디어를 채택하기로 했다.

"제 이야기를 들어보세요. 소비자는 각자의 개성도 여행지에 대한 눈높이도 다릅니다. 하지만 보편적인 '기준'이라는 것이 있습니다. 이를테면, 6,000원짜리 국밥집에서 턱시도를 한 웨이터가 깍듯하게 서빙을 할 거라는 기대는 누구도 하지 않습니다. 보통은 자신이 지불한 금액에 상응하는 서비스를 기대합니다. H펜션에 빗대어 설명하자면 이렇습니다. 객실의 이름은 '프로방스'인데, 문을 열고 방으로 들어갔을 때 마치 군대 내무반 같은 느낌을 받는다면 소비자는 실망하고는 자신이 지불한 금액에 미치지 못하는 서비스를 받았다고 생각합니다. 그럼, 소비자의 기대치를 높이는 화려한 펜션 이름과 홈페이지가 아닌, 재미있는 서비스로 관심을 끌면 어떨까요? 소비자들에게 객실이 아니라 다른 것을 기대하도록 하면 됩니다. 먼저 펜션의 이름을 '홍길동 산장(가명)'에서 '홍길동 군대캠핑 펜션'이라고 짓습니다. 그리고 객실에 인테리어 비용을 최소화해서 독특하고 눈에 띄는 펜션으로 바꿉니다. 실제 군대 내무반 같은 모습으로 인테리어를 하는 것이죠. 지금 사용하고 있는 뒤통수가 나온 옛날 TV를 그대로 사용하고 넓은 객실은 양쪽으로 나누어 옛날 육군의 침상처럼 만들고 관물대를 넣습니다. 관물대는 구하기 힘들 수도 있으니 목공 전문가를 불러서 짜면 됩니다. 관물대에는 장난감 M16 총을 구입해서 몇 개 넣고, 군대 내부반에서 볼 수 있을 만한 소품들도 몇 개 채워 넣습니다. 그리고 비싼 이불도 필요 없이 군대에서 쓰는 녹색 모포를 넣습니다. 누가 봐도 육군의 내무반처럼 보이도록 만드는 것이죠. 이렇게 공사를 하게 된다면 전에 계획했던 예산보다 훨씬 더 낮은 비용을 들여 훨씬 더 재미있는 모습으로 변신할 것입니다. 다음은 글램핑입니다. 최근에는 전국적으로 너무나도 많은 글램핑장이 생겨서 평범한 캠핑장이 되지 않기 위해서는 독특해야 합니다. 이것도 '군대캠핑펜션'의 컨셉과 어울리도록 캠핑장을 꾸미는 겁니다. 군 생활을 해본 경험이 있는 남자라면 A형 텐트가 무엇인지 잘 알 겁니다. 그 작고 허름한 텐트도 비닐을 이용해서 잘 설치하면 세상 부러울 것 없는 따뜻한 방이 됩니다. 저 역시도 이등병 시절 텐트를 잘 치는 고참들이 참 대단하게 보였던 적이 있습니다. 물론 저도 시간이 흘러 두 번째 겨울 혹한기 훈련 때는 텐트를 잘 치는 고참이 되었습니다. 이런 경험을 소비자들에게 함께 판매하는 겁니다. 비싸고 훌륭한 텐트도 있겠지만, 군용 A형 텐트와 가장 비슷한 것을 구입해서 비치하는 것도 좋은 방법입니다. 그리고 캠핑에 더 돈을 쓰려는 소비자에게는 C형 텐트라는 큰 텐트를 판매하는 것이죠. 일반 사병들이 쓰는 작은 A형 텐트 외에 간부들이 사용하는 매우 큰 C형 텐트가 있습니다. 그 이미지를 베끼는 겁니다. 여러 명이 잠을 잘 수 있는 텐트로, 글램핑에 준하는 숙박료를 받으면 됩니다. 메인 건물은 내무반(동)이라는 이름으로 운영하고 매점은 PX라는 이름으로 운영합니다. 갖가지 군대 먹거리도 판매할 수 있죠. 요즘은 마트에서 전투식량도 판매하더군요. 그리고 캠핑장은 훈련동이라는 이름으로 판매하는 겁니다. 이는 병영체험장이나 극기 훈련장과는 다른 그냥 숙소입니다. 재미있는 이미지만 제공하는 펜션이 되는 것입니다."

● 군대에서 사용하는 A형 텐트

"그런 방법도 있었군요. 가끔 생각은 했었지만, 이렇게 구체적으로 설명을 들으니 제가 뭘 해야 할지 방향이 잡힌 듯합니다. 그런데 좋은 컨셉이기는 하지만 광고는 어떻게 해야 할까요?"

"당연히 배우셔야죠. 설령 광고와 홍보를 광고 대행사에 맡기더라도 펜션 광고가 어떻게 돌아가는지는 알고 있어야 합니다. 그래야 엄한데 돈을 안 쓰거든요. 광고와 홍보방법을 배우는 것은 그리 어렵지 않습니다. 그동안 수많은 사람들을 교육해왔으니 그건 걱정하지 마세요. 어떤 컨셉을 갖고 광고와 홍보하느냐가 더 중요하죠. 그래서 이렇게 긴 시간을 컨셉에 관해서 이야기했던 것입니다. 사장님께 한 가지 질문하겠습니다."

"질문요?"

"적당히 괜찮은 수준의 펜션을 홍보하는 게 쉬울까요? 군대 캠핑 펜션처럼 컨셉이 확실한 펜션이 홍보하기 쉬울까요?"

"당연히 후자겠죠?"

"네, 그렇죠. 경쟁사가 똑같은 홍보력을 갖고 있다면 당연히 확실한 컨셉을 가진 펜션이 노출하기 쉽습니다. 그런 곳들이 결국 TV나 여러 매체에 출연하게 되고요."

"이젠 알겠습니다. 앞으로 광고방법만 익히면 되겠군요."

전혀 예상하지 못했던 아이디어였기에 눈이 번뜩였다는 H펜션 사장은 이 컨셉으로 공사를 하기로 마음먹고 작업에 착수했다.

결국 2억 원에 가까운 많은 비용을 들여서 적당히 괜찮은 펜션이 될 뻔했던 곳이 7,000만 원도 안 되는 비용으로 매우 독특한 컨셉의 펜션으로 만들어졌다.

'펜션의 컨셉은 업그레이드가 아니라
차별화부터 시작해야 한다.'

● 속초이야기 펜션 전경

## 속초이야기 펜션 ●

주변 랜드마크를
이용해서 대박 난 펜션

"

주변 여행 인프라를
홍보 수단으로
이용해라!
속초 워터피아
완진분석

"

● 속초이야기 펜션은 매우 오래된 펜션이다. 10여 년 전부터 운영이 되었던 곳을 2016년 초에 현재의 사장이 인수해서 운영하고 있다.

펜션의 외부와 내부는 오래되어서 최근에 만들어진 높은 수준의 펜션과 경쟁하기에는 무리가 있었고, 리노베이션를 한 지는 최소 5년은 넘어 보였다. 그리고 위치가 매우 아쉬웠다. 속초에서 인기 있는 펜션들 대부분은 바닷가 인근에 있다. 하지만 '속초이야기 펜션'은 미시령터널 바로 아래에 위치해 있어 바닷가와는 거리가 꽤 있다. 현재 가진 상황으로만 봐도 속초

이야기 펜션은 주변의 경쟁 펜션들에 비해서 약점이 많은 펜션이었다. 영업에 약점이 많은 곳이지만 속초이야기 펜션은 작년 한 해 동안 지역 내에서 가장 높은 판매율을 보였으며, 현재까지도 매우 성공적으로 운영되고 있는 곳이 되었다.

오래되고 평범한 펜션, 그리고 속초 지역 펜션임에도 바닷가에서 먼 위치, 주말에도 손님을 채우기 힘들 정도로 인지도가 낮았던 이 펜션이 어떻게 성공적인 운영을 할 수 있었을까? 더군다나 2016년에 속초이야기 펜션을 인수해서 운영한 분은 펜션을 처음 해보는 초보 사장이었으며, 이전에 하던 일도 펜션 사업과 무관한 사업이었다.

속초이야기 펜션 사장은 2016년 초에 펜션을 인수하고 공사와 수리비용을 절감하기 위해서 3~4개월간 직접 부족한 시설을 보수했다. 그는 펜션 오픈을 준비하며 틈틈히 주변 지인들의 이야기를 들어보면서 펜션의 영업이 만만치 않음을 크게 느꼈다고 했다. 속초이야기 펜션 사장은 '어떻게 해야 영업을 잘할 수 있을까?' 고민을 하던 중에 내가 이전에 집필했던 책을 읽어보게 되었고, 결국 컨설팅을 위해 속초에서 만나게 되었다. 펜션 인수 후 5개월이 흐른 후였다.

나와 만나서 사정 이야기를 하던 펜션 사장은 당시 큰 욕심이 없어 보였다. 주변에서 펜션을 운영하는 지인들의 현실적인 조언을 들어서인지 그는 펜션을 나름 냉정하게 판단하고 있었다. 펜션 사장은 그저 전보다 조금 더 나은 매출을 만들 수 있다면 그걸로 만족한다고 하며 소박한 기대를 하고 있었다. 이미 펜션을 인수받을 때 이전 사장에게 해당 펜션의 매년 매출을 들어서 상황을 잘 알고 있었으며, 주변에 화려한 펜션들이 많아서 본인이 운영하는 펜션의 경쟁력이 그리 대단하지 않는다는 것을 충분히 인지하고 있었다. 하지만 약점이 많은 듯 보이는 이 펜션도 내가 보기에는 충분히 매력적으로 어필할 수 있는 장점이 있었다. 바로 옆에 있는 속초 워터피아! 펜션에서 도보로 약 5분이면 닿는 거리에 있는 워터피아는 바닷가에서는 거리가 좀 멀지만, 대형 미끄럼틀이나 놀이기구 등으로 많은 사람들이 찾고 있는 곳이며, 인터넷에서 검색 조회 수가 많이 발생하는 곳이다. 이미 많이 알려진 곳이기 때문에 이곳을 잘 이용해서 홍보한다면 경쟁 펜션들에 비해 더 쉽게 내 펜션을 사람들에게 알릴 수 있다. 그래서 워터피아를 펜션보다 더 전면에 내세워서 마케팅하기로 했다.

펜션에서 노출할 수 있는 키워드 광고나 블로그, 카페 등의 홍보를 할 수 있는 모든 공간에는 속초 워터피아에 대한 내용으로 채웠다. 홈페이지에도 워터피아에 대한 글과 사진을 가득 올렸으며, 키워드 광고를 할 때 설명 문구에도 워터피아에 대한 짧막한 이야기를 담았다. 그리고 펜션 측에서 만든 콘텐츠(블로그, 카페, SNS)에는 단순히 워터피아를 소개하는 것이 아니라 이곳을 더 깊숙이 분석해서 소개해놓았다.

# 펜션에서 소개한 '설악 워터피아 완전분석'

–워터피아의 입장료를 싸게 구입하는 방법

–워터피아를 찾아가기 쉬운 방법을 상세히 소개

–시설 내의 매점 중 좋은 곳을 이용한 후 추천

–시설 내의 풀장 소개

–시설 내의 슬라이드들을 상세히 소개

–워터피아 주변의 식당들 소개

–워터피아의 쉼터들 소개 등

● 설악 워터피아

물놀이 테마파크인 '워터피아' 한 곳만 가지고도 수 개월간 노출할 소재를 만들 수 있고, 그 글은 사람들의 관심을 끌 만한 충분한 소재가 된다.

워터피아는 많은 사람에게 인기가 있는 곳이기 때문에 네이버 검색창에 '설악 워터피아'라고 검색하는 조회 수가 꽤 높다. 소비자가 어디에 관심을 갖고 있는지를 알고 있다면 이를 광고에 활용하기가 더욱 쉬워진다. 앞서 소개한 '설악 워터피아 완전분석'의 글을 꾸준히 만들어서 인터넷에 업데이트한 후 시간이 지나니 점차 속초이야기 펜션에서 만든 콘텐츠(글, 사진, 동영상)가 인터넷에서 많이 보이기 시작했다. 물론 그 글들은 매우 상세했고, 워터피아를 찾는 여행자들에게 도움이 되는 콘텐츠였다. 그리고 홈페이지의 첫 화면에도 여러 개의 팝업창을 띄웠는데, 온통 워터피아에 대한 할인권이나 이용방법, 워터피아의 정보가 가득했다.

● 속초이야기 펜션 홈페이지에서 보이는 워터피아 관련 배너광고

소비자들이 볼 때는 워터피아를 즐기기 위해 속초이야기 펜션이 매우 좋은 위치에 있으며, 합리적인 객실료로 인해 가장 좋은 선택

이 될 수 있을 것 같은 기대를 하도록 만들었다. 주변 랜드마크를 이용한 방법으로 결국 예약이 점차 늘어나기 시작했으며, 일반적인 펜션들의 성수기 기간이 3주에서 길게는 한 달 정도 지속되는 데 반해 속초이야기 펜션은 경쟁 펜션들의 성수기 기간보다 20일 이상 만실 예약이 이루어지게 되었다.

만약 속초이야기 펜션이 경쟁 펜션과 마찬가지로 펜션의 객실만 지속해서 올려 노출하는 광고방법을 선택했다면 소비자들의 반응을 끌어내지 못했을 것이다.

● 필자에게 펜션 컨설팅을 받는 속초이야기
　펜션 사장

표면적으로 보이는 속초이야기 펜션은 전과 다를 것이 하나도 없다. 객실 모습, 광고 지출비용, 홈페이지 등 모든 것이 전과 같지만, 다른 결과를 만들고 있다. 단지 펜션이 어떤 장점을 가졌는지, 소비자들이 어떤 것을 검색하는지를 먼저 체크해서 소개한 것뿐이다.

이처럼 주변에 유명한 랜드마크가 있다면 그 부분을 적극적으로 홍보해야 한다.

주변에 랜드마크가 될 만한 곳이 없는 지역이라면 주변 상인들이 함께 머리를 맞대고 지역을 대표할 만한 것들을 만들어야 한다.

소비자들이 내 펜션을 어떻게 바라볼 것인지를 생각하고 컨셉을 만들어야 한다.

지역의 랜드마크가 될 수 있는 곳이 있다면 충분히 그 랜드마크를 이용해서 내 펜션을 알릴 수 있다. 걱정이 많은 몇몇 펜션 사장은 나에게 이렇게 질문하는 경우가 있다.

"우리 펜션 주변에 대형 리조트 단지가 들어선다고 합니다. 우리 펜션 손님을 빼앗길 것 같아 걱정됩니다."

하지만 이는 걱정할 필요가 전혀 없는 요소다. 어차피 리조트로 여행할 사람들과 호텔로 여행 갈 사람들, 게스트하우스로 갈 사람들 그리고 펜션으로 여행 갈 사람들은 분명히 구분되기 때문이다. 그들의 여행 목적은 다르기 때문에 크게 염려할 필요가 없다. 결국, 내 펜션 주변에 랜드마크가 될 만한 시설이 생긴다면 펜션 업주 입장에서는 랜드마크를 이용해서 홍보할 거리가 생기므로 오히려 반겨야 할 일이다.

● 로얄트리 펜션 외부 모습

## 양양 로얄트리 펜션 ●

애견 펜션으로
창업 5개월 만에
지역 내 1위 예약률을 만든 펜션

“
애견 펜션 컨셉은
매출을 높이는 데
가장 매력적인
컨셉이다
”

● ● 양양 한계령 아래에 있는 로얄트리 펜션은 2015년 말에 매입하고 2016년 5월이 돼서 본격적인 영업을 시작한 곳이다.

펜션을 매입할 때부터 내가 직접 컨설팅을 했던 곳인데, 펜션 매입 결정을 하기 전에 나는 이 펜션의 매입을 반대했었다. 왜냐하면, 당시 펜션 창업예정자의 사업계획이 매출을 올리는 데 효과적이지 않다고 판단했기 때문이었다.

보통 부동산 전문가는 땅이나 건물 구입 여부를 결정할 때 그 가치를 매물 주변의 현재 상황이나 발전 상황 등을 반영해 결정한다. 하지만 나는 펜션의 부동산 가치는 전문가에게 맡기고 펜션을 오로지 수익 측면에서 바라본다. '과연 영업이 될 것인가? 안 될 것인가?'를 판단하는 것이 내 일이다.

펜션을 매입하기 직전에 펜션 사장은 2가지 컨셉에 관해서 고민했는데 첫 번째는 단체 펜션, 그리고 두 번째는 애견동반 가능 펜션이었다. 단체 펜션으로 운영된다면 나는 적극적으로 반대할 생각이었고, 애견 펜션으로 운영된다면 나는 매입을 찬성하려고 했다. 같은 펜션을 갖고도 영업방식에 따라 매입 또는 임차를 할지 말지가 결정된다.

결국, 수차례 펜션의 시찰과 여러 차례 미팅을 통해 매입을 결정했지만, 매입하는 과정이 순탄치는 않았다. 그 고민의 이유는 다음과 같다.

강원도 양양 지역은 속초나 강릉지역에 비해 여행인구가 상대적으로 적기 때문에 펜션 창업을 한다면 좀 더 여행자들이 많이 찾는 지역이 좋겠다고 추천했었다(현재는 양양쪽 여행자수는 증가하고 있는 추세다). 하지만 로얄트리 펜션 사장은 오색약수와의 가까운 거리, 한계령, 계곡 등의 여러 이유를 고려해서 결국 이 펜션을 인수했다. 인수한 건물은 오래되어 낡았으며, 독특함이라고는 찾아볼 수 없는 평범하고 큰 건물이다. 표면적인 이미지로 봤을 때는 단체여행에 매우 적합한 펜션으로 보였다. 큰 건물들은 여러 동으로 나뉘어 있으며, 각 객실은 낡았지만 넓어서 이용하기 편해 보이고, 큰 객실들은 복층으로 되어 있는 곳도 있다. 건물 뒤편에는 낮은 산이 있고 펜션 바로 앞에는 큰 계곡이 흐르고 있다. 펜션 주변에 민가가 없고 숙박업소도 없어서 단체가 여행을 와서 늦은 시간까지 떠들고 즐겨도 좋을 만큼 독립적인 공간을 확보하고 있다.

● 로얄트리 펜션 외부 모습

나는 펜션 인수과정에 인수 전 펜션의 매출 상황을 듣게 되었다. 짐작했던 대로 큰 규모에 비해 매출이 심각할 정도로 낮았다. 자세히 밝힐 순 없지만, 여름 성수기 한 달 기간에도 절반은커녕 3분의 1도 못 채우는 펜션이었다. 더군다나 펜션 매각을 염두에 두고 있던 전(前) 사장은 낡은 펜션을 그대로 방치하고 영업을 이어갔기 때문에 인수 후 대대적인 리노베이션을 거쳐야만 하는 상황이었다. 하지만 인수과정에서 투자된 비용이 워낙 컸기 때문에 인테리어, 익스테리어, 부대시설, 보수, 홈페이지, 광고비 등 전체적인 리노베이션에 투자할 여력은 그리 많이 남아 있지 않았다. 인수 직후의 상황은 결코 밝은 상황이라고 할 수 없었다. 컨설팅을 시작하기 직전 이 펜션 때문에 며칠 동안 잠도 못 자던 때가 생각난다.

큰 자금을 들여서 펜션을 인수 후, 남아 있는 여유 자금을 어떻게 써야 소비자의 눈에 띌 수 있는 펜션이 될 수 있을까? 재투자에 실수가 용납되지 않는 그런 상황이었다. 첫 단추부터 잘 끼워야 했기에 로얄트리 펜션 사장과 여러 차례 만나서 컨셉에 대한 내 생각을 전달하는 일부터 시작했다. 보편적으로 컨설팅을 하게 되면 컨셉을 정하기 위한 의견 조율부터 시작한다. 하지만 당시 나는 의견 조율이 아니라 이해와 설득을 시키기 위해 더 노력했다. 실수가 있어도 안 되고 잘못된 방향으로 한 번이라도 투자가 된다면 이 펜션은 살아남지 못할 위기에 처할 수 있기 때문이었다.

당시 로얄트리 펜션 사장은 넓은 부지와 바로 앞 계곡, 그리고 큰 객실을 이용해서 단체 여행에 초점을 맞추었다. 펜션 사장은 이전에 큰 회사에서 오랫동안 몸담았던 터라 넓은 인맥을 동원해서 영업하면 기업을 대상으로 워크숍 전문 펜션 또는 야유회 전문 펜션으로 운영이 가능할 것이라고 생각을 하고 있었기 때문이었다.

나도 일부분은 그의 생각에 동의했다. 현재 상황에서 로얄트리 펜션에 아무리 많은 비용을 투자해서 인테리어를 한다고 해도 주변의 화려한 가족·커플 펜션들을 넘어설 수는 없는 상황이었기 때문이다. 그리고 현실적으로 계산해봐도 펜션의 많은 객실을 모두 화려하게 꾸밀 자금도 충분치 않았다.

한참을 고민한 후에 결정한 2가지 컨셉은 단체 펜션과 애견 펜션이었다. 이 2가지 컨셉 중 하나를 결정하기 위해서 다시 고민하기 시작했다.

● 컨셉을 고민 중인 필자와 양양 로얄트리 펜션 사장

먼저, 단체 펜션으로 고민했던 이유는 다음과 같다. 단체 여행자들은 객실의 화려함보다는 야유회나 워크숍 등을 진행하는 데 필요한 부대시설들이 잘 되어 있는 곳들을 더 선호한다. 그래서 인테리어 비용이 많이 들어가는 객실에 투자하는 것보다 세미나실과 운동장을 잘 만들어놓으면 모객이 가능할 것이라고 판단했다. 그리고 인근의 오색약수와 한계령, 설악산은 단체 여행자들이 이미 많이 찾는 곳이기 때문에 모객이 유리할 거라 생각했다.

단체 전문 펜션으로 운영한다면 매출 규모가 매우 커질 수도 있기 때문에 단체 여행 전문 펜션으로 이미지를 잘 노출할 수만 있다면 너무나도 좋은 컨셉이 아닐 수 없다. 여기까지는 펜션 사장과 내 생각이 일부 일치하는 부분이다. 하지만 좀 더 디테일하게 파악하니 양양 로얄트리 펜션이 단체 펜션으로 변신하기에 몇몇 약점들이 보였다. 그 이유는 다음과 같다. 단체 펜션을 운영하기에 가장 좋은 위치는 큰 도시와 인접한 지역이다. 특히 야유회나 워크숍을 떠나는 사람들은 거주지와 가까운 곳, 회사와 멀지 않은 곳을 선호한다. 하지만 거리가 조금 떨어져 있더라도 대중교통이 편리한 경우라면 모객에 유리한 위치가 될 수도 있다. 단체 여행 일행 중 모임에 뒤늦게 합류해야 하는 팀원이 있거나 모임 일정을 마치고 투숙하지 않고 먼저 집으로 돌아갈 멤버의 편의를 생각한다면 대중교통은 너무나도 중요하다. 여담이지만, 이런 조건을 기준으로 따져본다면 아직 단체 전문 펜션을 운영하기에 최적의 장소는 전국 곳곳에 남아 있다.

앞서 설명한 위치에 따른 기준으로 비교해본다면 강원도 양양 한계령 아래에 있는 로얄트리 펜션은 강화, 가평, 양주, 대부도 등 서울 인근 지역에 비해 단체여행 목적으로 운영되기에는 지리적으로나 교통의 편의성에서 불리한 위치에 있다. 부대시설을 단체 여행자에게 맞춰서 갖춘다고 해도 그들이 많이 찾아올 것이라고 확신할 수 없다. 그리고 좀 더 조사해보니 오색약수 주변은 성수기와 비수기 여행자 수 차이가 확연하며 이 부근에는 당일치기 단체 여행객들의 수가 더 많았다.

큰 규모의 펜션이지만, 단체 여행자들을 끌어들일 명분을 만들기 쉽지 않았다. 그래서 단체 전문 펜션 사업계획을 잠시 뒤로 하고, 다른 그룹의 여행자들이 반드시! 로얄트리 펜션으로 찾아와야만 하는 더 강력한 명분을 만들기로 했다.

## 여행자들이 양양 로얄트리 펜션에 와야만 하는 이유!

현재 대한민국은 1인 가구 수의 증가와 함께 반려동물의 수도 증가하고 있고 그에 맞물려 반려동물 관련 사업도 계속 발전하고 있다. 반려동물 용품점과 동물병원, 미용, 장례, 교육훈련 등 반려동물 관련 비즈니스의 수는 점차 늘고 있지만, 아직 식당, 카페, 호텔 등 '반려동물'을 받아주는 시설은 많지 않은 것이 현실이다. 반려동물을 받지 않는 건 대부분의 펜션도 마찬가지다. 애견전문 펜션의 수가 매우 적기 때문에 분명히 소비자들은 반려동물과 동반숙박에 대한 갈증을 느끼고 있다. 때문에 애견 펜션으로 변신한다면 분명히 희소성이 있는 펜션으로 거듭날 것이라 판단되었다. 단체 펜션보다 더 희소성 있는 펜션의 컨셉이 될 수 있다. 만약 양양 로얄트리 펜션이 애견 펜션으로 변신한다면 전국 3만 개의 펜션(게스트하우스 포함)과 경쟁하는 것이 아닌 수백여 곳의 애견 펜션과 경쟁하면 된다. 출발부터 유리한 위치에서 영업할 수 있게 된다. 결국, 로얄트리 펜션은 애견 펜션으로 운영될 때 더 큰 수익을 만들 수 있다고 판단하고 단체 펜션과 애견 펜션 사이에서 깊은 고민을 하게 되었다. 하지만 당시 로얄트리 펜션의 사장은 애견 펜션이라는 컨셉을 그리 달가워하지 않는 듯한 눈치였다.

펜션 사장은 '단체냐?' '애견이냐?'를 고민하면서 자주 나에게 이런 질문을 했다.

"이 넓은 펜션이 애견 펜션에만 국한되는 것보다는 가족 여행이나 단체 여행자들도 모객할 수 있도록 폭넓은 영업 활동을 하는 것이 유리하지 않을까요?"

그의 뜻을 충분히 이해는 하지만, 애매한 컨셉은 오히려 생각만큼 폭넓은 고객층을 끌어오지 못하고 이도 저도 아닌 펜션이 되어버릴 확률이 높다. 가족 여행자 입장에서는 개를 싫어하는 사람들도 있을 테고, 조용히 아이들과 보내고 싶지만 개 때문에 본인들의 가족 여행이 방해될 것이라고 판단할 수도 있다. 애견인 입장에서는 사랑하는 반려동물을 여행지에 데리고 가서 개를 좋아하지도 않는 사람들의 눈치를 봐야 한다면 차라리 더 전문적인 애견 펜션으로 예약하는 편이 좋다고 생각할 것이다. 그러니 로얄트리 펜션의 컨셉은 어정쩡한 컨셉이 아닌 애견들의 천국, 애견들의 자유로운 공간, 눈치 보지 않고 애견들이 즐길 수 있는 공간으로 보여야 한다. 그것이 구매율을 높이는 데 유리해진다. 앞서 사례에서도 여러 차례 컨셉을 소개했지만, 컨셉은 두루두루 좋은 곳이라는 이미지보다는 마니아들에게 전폭적인 지지를 받는 곳이 더 효과적인 모객이 가능하다.

한참을 고민하던 로얄트리 펜션 사장은 한 발짝 물러나서 나에게 이렇게 질문했다.

"애견 펜션은 너무 한정적인 느낌이니 애견동반 가능 펜션이라고 광고하는 건 어떨까요?"

하지만 내 답은 단호하게 "No!"였다.

이런 컨셉에 대한 뜻을 전달했고 결정된 컨셉으로(애견펜션) 보이기 위해서 작업에 들어갔다. 가장 많이 신경을 쓴 작업은 홈페이지였다. 펜션의 매출을 결정짓는 결정적인 역할을 하는 홈페이지에는 아낌없는 투자를 했다. 전체적인 분위기는 '애견 펜션'으로 하되, 따뜻하고 세련된 분위기로 만들었다. 그리고 펜션 오픈 전 '반려동물 동반숙박 이벤트'를 열어서 이벤트 당첨자들에게는 펜션에서 동물들과 즐긴 사진 제공과 함께 후기를 써달라고 부탁했다.

이렇게 만들어진 '애견과 함께 떠난 여행' 후기는 홈페이지의 전면에 가장 잘 보이도록 노출했으며, 광고, 블로그, 카페, 모바일 SNS에도 '애견동반 여행 후기'를 대대적으로 노출했다. 그리고 신뢰할 수 있는 애견 펜션으로 보이기 위해서 사장의 이미지와 함께 펜션 사장이 키우는 큰 개를 함께 촬영해서 반려동물과 교감하는 듯한 사진을 홈페이지에 자주 노출했다. 결국 '펜션 객실'보다 '개와 교감하는 남자'의 모습이 더 많이 노출되었다. 로얄트리 펜션이 노출하고자 하는 이미지는 객실보다 반려동물과 함께 즐기기 좋은 펜션이었다.

● 로얄트리 펜션 홈페이지는 애견 펜션들이 벤치마킹하기 좋은 사례다.

    보통 펜션을 창업하면 2년 정도는 지나야 서서히 자리가 잡혀가지만, 양양 로얄트리 펜션은 열악한 환경에서 창업했음에도 창업 5개월만에 지역 내에서 예약률 TOP5 안에 들어갈 만큼의 높은 객실 판매율을 보였으며, 타 펜션들의 부러움을 사는 곳이 되었다. 하지만 이렇게 되기까지 쉽게 만들어진 것은 아니다. 펜션 사장은 바쁜 시간을 쪼개서 펜션 마케팅에 대한 필자의 교육을 주기적으로 받았으며, 펜션 운영에 관한 공부를 지속했다.

    그리고 그는 나의 조언을 듣기 위해 거의 매달 내가 거주하는 먼 곳까지 찾아왔으며, 나와 해외 유명 호텔 시찰도 함께했다. 나의 컨설팅을 받은 펜션 창업자 중 가장 많은 고생과 고민을 한 분이 아닐까 싶다. 심지어 로얄트리 펜션 사장은 애견 펜션에 더 어울리고 전문적인 펜션으로 만들기 위해서 '반려동물관리사 자격증'도 취득했다.

### 반려동물 가족 수의 증가

반려동물과 함께하는 가족의 수는 오래전부터 현재까지 점차 증가해왔으며, 그와 관련된 상품들과 서비스도 점차 증가하고 있다. 영국과 미국, 일본 등 선진국의 경우 호텔과 레스토랑들도 점차 반려동물 동반입장이 가능한 곳이 늘어나고 있는데, 우리나라도 반려동물 관련 음식점 및 숙박사업은 지금보다 더 확대될 것으로 생각된다. 결국, 애견·애묘인들의 지갑을 열기 위해서 애견 펜션의 수는 지금보다도 훨씬 더 많이 생겨날 것이다.

만약 애견 펜션을 운영하려고 계획 중이라면 지금이 가장 적기다.

● 독특한 하나의 객실만 있어도 주목받는 컨셉을 만들 수 있다.

## 가평 K펜션

방 하나만의 이미지로
완벽한 컨셉을 만든 펜션

"
임팩트 있는
쇼룸을 만들어
성공한 사례
"

● 이번에 소개할 펜션은 적은 비용으로 펜션의 이미지를 만들고 노출한 사례다.

이번 사례를 통해서 펜션 인테리어를 어떻게 합리적으로 해야 할지, 그리고 임팩트 있는 객실 컨셉을 어떻게 만들지 알아볼 수 있다. 이번 사례의 주인공인 K펜션 사장은 건강상의 이유로 지금은 펜션 사업을 접은 지 꽤 된 곳이지만, 아직도 펜션의 컨셉에 대해서 강의할 때 좋은 사례로 꼭 소개하는 곳이다.

당시 K펜션은 총 7개의 객실이 있었으며, 유럽식 목조건축물로 마치 평범한 전원주택처럼 보이는 펜션이었다. 객실 앞에 나무 난간이 있고 잔디마당 곳곳에는 나무로 만든 벤치들이 있었다. 그리고 입구부터 조명시설이 잘 되어 있어서 아늑한 느낌이 가장 큰 장점이었다. 지금으로부터 10년 전쯤에 만들어진 고급 펜션들은 대부분 이런 분위기의 펜션이었다. 나는 이 시기에 만들어진 펜션을 1세대 펜션이라고 부른다.

● 전형적인 1세대 펜션 모습

이러한 스타일의 펜션은 한동안 성업을 하며 수년 동안 잘 운영되어왔다. 하지만 시간이 흐르면서 더 독특함을 원하는 소비자의 눈에 띄기 위해 점차 진화하기 시작했다. 유럽식 목조주택 형태를 넘어 노출콘크리트 외관을 한 갤러리 스타일의 모던한 펜션이 생겨나기 시작했으며, 펜션 안에 벽화나 스파가 들어가기 시작했다.

● 전형적인 펜션의 형태를 뛰어넘어 변화하고 있는 펜션

이런 상황을 맞이한 건 K펜션도 마찬가지였다. 위기를 느낀 K펜션 사장은 펜션의 현재 상황을 제대로 진단받기 위해서 나에게 연락을 해왔다.

그리고 코치를 받으며 기본적인 인터넷 광고와 홍보 부분이 잘 진행되고 있는지 체크하고 부족한 부분들을 잘 수정해놓았다. 그리고 세일즈를 위해 가장 기본이 되는 펜션의 컨셉에 관해 이야기했다.

"옛날에는 우리 펜션도 나름 멋진 펜션이었는데 최근 들어서 주변에 화려한 펜션들이 많이 만들어지고 있어 걱정됩니다. 사실 예전에 비해서 예약률이 많이 줄기도 했고요. 가만히 손 놓고 구경만 하면 안 될 거 같아서 선생님께 연락을 드리게 되었습니다."

"인터넷에서 노출이 잘 될 수 있도록 광고와 홍보 세팅은 잘 해놓았으니 이젠 걱정하지 않아도 될 거 같습니다. 이젠 노출은 잘 되지만, 얼마나 구매율을 높일 수 있을지 그게 걱정입니다. K펜션이 꽤 오래돼서 요즘 젊은 여행자들의 눈에는 특색이 없는 평범한 펜션으로 비치기 때문입니다. 그럼 문제 해결을 위해서 먼저 K펜션의 이미지부터 이야기해볼까요?"

"네, 그렇게 하죠. 우리 펜션은 그냥 편안하고 깔끔한 펜션입니다. 조용한 여행을 할 수 있는 것이 장점인데, 이걸로는 부족한가요?"

"그런 평범한 이미지는 주목받지 못합니다. 사장님이 운영하는 K펜션을 소비자들이 어떻게 생각하고 있습니까? 뭐라고 부릅니까?"

"글쎄요. 생각 안 해봤는데요… 예쁜 펜션이요?"

"예쁜 펜션이요? 글쎄요…. 제 생각은 좀 다릅니다만…. 그러면 K펜션이 어떻게 불리길 바랍니까? 그저 그런 펜션, 평범한 펜션으로 불리는 것보다는 예쁜 펜션이라고 불리는 게 더 좋겠죠. 하지만 예쁜 펜션이라는 이미지로 노출되는 펜션이 너무나도 많으니 소비자 입장에서는 결국 평범한 펜션이라고 인지할 것입니다. 좋은 컨셉이라고 할 수 없죠. '예쁜 펜션'이라고 인터넷에서 검색하면 약 1,000개 이상의 펜션들이 보입니다. 그것이 차별화된 컨셉일까요? K펜션은 사장님의 로망이었던 전원생활의 기반이 되어준 펜션이고, 수년 동안 정성스럽게 가꾼 보물 같은 펜션입니다. 애착을 갖는 건 당연합니다. 하지만 이제 냉정하게 생각해야 합니다. 그래야 제대로 된 처방을 할 테니까요. 현재 K펜션은 예쁜 펜션이 아닙니다. 창업 당시는 어떨지 모르겠지만, 현재 소비자들의 눈에 비친 K펜션은 그저 평범하고 약간 낮은 수준의 펜션입니다. 이런 느낌의 펜션은 절대로 입소문이 날 수가 없습니다. 남들이 갖고 있지 않은 차별화된 독특한 이미지가 필요한데, 아무리 둘러봐도 그런 이미지는 찾을 수가 없습니다."

"아, 그렇군요. 기분이 썩 좋진 않네요. 전문가가 그렇게 말하니 더 맥이 빠집니다. 그럼 어떻게 하죠?"

"독특한 이미지가 없다면 입소문이 날 만한 이미지를 만들어야 합니다. 그래야만 살아남을 수가 있습니다."

당시 가평의 K펜션은 컨셉이라고 할 만한 이미지는 전혀 찾아볼 수가 없었다. 홈페이지도 평범하고, 광고에 쓰인 카피도 평범하고, 사진들도 평범한 모습이었다. 그렇다고 경쟁 펜션에 비해서 광고비를 많이 투자하는 것도 아니었고, 펜션에서 손님들에게 색다른 서비스를 제공하는 것도 아니었다.

"알겠습니다. 어떤 상황인지 저도 충분히 알고 있지만, 어떻게 해야 할지를 모르겠습니다. 그래서 선생님께 연락을 드린겁니다. 조언을 듣고 인테리어를 해보려고 합니다. 하지만 자금이 너무 없어서 걱정입니다. 인테리어를 할 예산이 약 1,500만 원 정도밖에 없거든요."

"네? 1,500만 원이요? 그 정도 비용으로는 객실 인테리어를 하기에 턱없이 부족합니다. 객실에 도배를 하고 침대 시트 등을 갈고 보수를 조금 하면 그 돈은 어디에 지출했는지도 모르게 사라질 것입니다."

"그러면 어떻게 해야 할까요? 전혀 방법이 없나요?"

"있습니다. 쇼룸을 임팩트 있게 만들어서 소비자들의 이목을 사로잡는 방법이 있습니다. 혹시 '테디베어'라고 들어보셨나요? 테디베어는 손바느질로 만들어진 봉제 곰 인형입니다. 이 테디베어는 전 세계적으로 오래전부터 사랑받은 인형인데요. 이 귀여운 곰 인형의 인기가 워낙 높아서 우리나라에도 양양, 경주, 제주에 테디베어 박물관이 운영되고 있을 정도입니다. 물론 저도 가봤습니다. 이 곰 인형을 500만 원 정도를 구입해서 K펜션에서 가장 인기 있는 객실에 비치해보세요. 방 전체를 곰 인형으로 꾸미는 겁니다."

"방 하나에만요?"

"네, 7개 객실 중에서 가장 인기 있는 방에 곰 인형을 넣고 꾸며보세요. 어떤 방이 가장 인기가 있습니까?"

"그나마 가장 끝 방 2개가 복층으로 되어 있어서 넓고 이용하기가 편합니다. 아무래도 넓고 이색적인 느낌이라서 가장 먼저 예약이 됩니다."

"그럼 그 방을 쇼룸으로 정하고 테디베어 방으로 꾸미세요."

그 후 K 펜션의 가장 인기 있는 복층 객실은 곰 인형으로 가득 차게 되었다. 객실 현관 입구에도 아이 키만 한 곰 인형 둘을 떡 하니 앉혀놓았다. 또한 현관에서 방으로 들어가는 길의 벽면에는 작은 곰 인형들을 줄지어 세워놓고 침대 양옆에도 사람만 한 곰 인형을 세워놓았다. 부엌의 찬장도 떼어내 그 위에 선반을 달아 곰 인형을 앉혀놓고, 곰 인형이 프린트된 벽지로 도배했다. 그리고 펜션에서 사용되는 몇몇 집기들도 곰 인형이 새겨진 것으로 교체했다. 펜션 객실을 무대처럼 사용해서 곰 인형들을 연출했다. 이는 최근 인기를 끌고 있는 취미인 '디오라마' 연출을 떠올리게 할 정도였다. 객실에서 마치 곰 인형들이 살아 움직이는 것 같이 연출된 사진을 촬영해 광고할 수 있는 곳곳에 노출시켰다.

## '디오라마'diorama

이러한 연출을 '디오라마'라고 부르는데. 디오라마는 귀족들이 테이블 위에 인형들을 올려놓고 역사적인 전투 장면을 사실적으로 연출한 데서 유래했다. 그리고 19세기에는 이동식 극장 장치를 의미했다. 최근에는 건담(로봇 피규어), 소형자동차, 영화나 애니메이션의 피규어 등을 이용한 연출이 인기를 얻고 있다.

● 영화 캐릭터 피규어로 꾸민 디오라마

그리고 그 곰 인형들이 좀 더 부각되도록 객실 내의 조명 설치를 바꾸도록 조언했다. 결국, 이 객실은 살아 있는 듯한 곰 인형이 가득한 호텔 객실로 보였으며, 인터넷 공간에 디오라마처럼 노출된 펜션은 사람들의 눈을 사로잡기 충분했다. 이전에는 이미지라고 부를 만한 거리가 전혀 없는 평범한 펜션이었지만, 앞서 소개한 방법으로 연출하고 노출한 결과 소비자들이 생각하는 K펜션의 이미지는 완전히 바뀌게 되었다.

## 소비자가 생각하는 K펜션의 이미지

- 곰 인형이 있는 펜션
- 테디베어 펜션
- 동화속에서 봤을 법한 펜션
- 예쁜 인형이 있는 펜션
- 아이들이 좋아하는 펜션
- 사진이 잘 나오는 펜션

여러 개의 객실 중 단 하나의 객실만을 눈에 띄게 했지만, 소비자는 임팩트 있는 곰 인형 방에 매우 큰 관심을 보였으며, K펜션을 떠올릴 때마다 곰 인형부터 떠올리게 되었다.

스파나 풀빌라 펜션이 아님에도 이러한 독특한 이미지는 빠르게 주목받게 되었고, 적은 광고를 했음에도 임팩트 있는 이미지로 노출대비 좋은 효과를 얻게 되었다.

이것을 전 객실에 적용해서 꾸미는 것도 좋은 방법이지만, 꼭 그렇게 할 필요는 없다. 왜냐하면, 소비자가 펜션의 이미지를 떠올릴 때 모든 객실을 두루 살펴본 후에 펜션의 이미지를 종합해서 펜션을 평가하거나 전체 객실을 통합하는 이미지를 머릿속에 떠올리는 것이 아니기 때문이다. 소비자는 임팩트 있는 단 하나의 이미지만 기억한다.

### 주목받고 싶다면 '쇼룸'을 만들어야 한다!

여러 펜션에 찾아가서 펜션에서 가장 좋은 방이 어디냐고 물으면 대부분 이렇게 대답한다.

- 예상 답1 "다 비슷한 컨셉이기 때문에 딱히 어디가 좋다고 말씀드리기가 어렵네요."
- 예상 답2 "글쎄요. 아마 OO방이 가장 인기가 있을 겁니다."
- 예상 답3 "가장 넓은 방이 인기가 있을 거예요. 거긴 복층으로 만들어졌 거든요."

이는 매우 수동적으로 펜션의 이미지를 만들고 운영하는 자세라고 할 수 있다. 운영하는 펜션에서 가장 좋은 방이 어디인지를 소비자가 스스로 판단하도록 놔두어서는 안 된다. 펜션에서 의도하지 않은 잘못된 정보가 소비자의 머릿속에 고착될 수 있기 때문이다. 내 펜션의 가장 좋은 방도 사장이 직접 만들고 그 방을 어떤 이미지로 노출할지도 사장이 직접 결정해서 노출시켜야 한다.

의도한 대로 이미지를 전달하기 위해서 펜션은 '보여주는 방' 즉, '쇼룸 Show Room'을 만들어야 한다. 이 '쇼룸 만들기'는 해외의 유명 호텔들도 적극적으로 사용하는 방법으로, 호텔 이미지에 도움이 될 만한 객실만 집중해서 노출시킨다. 유명 호텔의 홈페이지나 홍보자료를 보면 호텔에서 가장 대표할 만한 객실 사진을 적극적으로 보여준다. 그 사진이 바로 해당 호텔 전체 이미지가 될 수 있기 때문이다. 물론 호텔 홈페이지에는 모든 객실을 소개해야 하지만 홍보자료의 경우에는 평범한 일반 객실들은 보여주지 않고 호텔의 이미지에 도움이 되는 객실 사진만 노출하고 있다. 즉, "우리 호텔은 이런 느낌의 호텔입니다"라고 소비자에게 어필하는 것이다. 해외의 많은 호텔을 시찰한 나는 호텔 이름을 떠올리면 호텔의 강한 특징이 머릿속에 떠오른다. 호텔의 전체 객실을 둘러보지 않았지만, 충분히 호텔의 이미지는 머릿속에 담아두고 있다. 예를 들어 힐튼을 떠올리면 매우 모던하고 세련된 이미지가 생각나고, 아코르 계열 호텔을 떠올리면 친근하지만 편안한 이미지가 떠오른다. 스몰 럭셔리 호텔 체인인 '반얀트리 리조트'의 경우 호텔 내 다양한 객실들이 있지만, 내 머릿속에는 단 한 장의 사진이 강하게 기억난다. 반얀트리는 모든 객실이 매우 훌륭하지만, 홍보자료에는 늘 수준 높은 개인 풀장과 사방이 유리로 된 객실을 지속적해서 노출했기 때문이다.

● 반얀트리 푸껫의 스파 풀빌라 사진

인도네시아 발리의 까르띠까 리조트는 수백 개의 객실을 갖고 있는 곳이지만 해변가 앞 '비치프런트 풀빌라' 5개의 객실을 집중적으로 노출해서 고급 호텔의 이미지를 만들었으며, 인도네시아 롬복 코렐리아의 호텔도 백여 개의 객실 중 '사삭 빌라'라고 부르는 가장 최상위 룸을 노출시켜 호텔의 이미지를 만들어놓았다. 이러한 유명 호텔들도 소비자들의 주목을 받기 위해 컨셉이 있는 객실을 노출하려고 온갖 노력을 다하고 있다. 독특함 없이 '좋은 서비스와 좋은 객실'이라는 이미지로는 컨셉을 전달하기에 분명히 한계가 있기 때문이다.

● 발리의 까르띠까 호텔은 최고급 객실인 풀빌라를 화려하게 꾸며 노출하고 있다.

지금까지 펜션에 왜 쇼룸이 필요한지를 설명했다. 그리고 이제부터는 펜션의 객실 전체를 인테리어하는 것이 아니라 객실 1개 또는 2개 정도의 객실만 인테리어를 해야 하는지 설명하려고 한다. 합리적인 객실 인테리어에 관한 이야기다.

보통 펜션 건축을 하거나 건물의 전체적인 리노베이션을 할 때 객실 인테리어에 쏟는 비용은 객실마다 거의 균등하게 예산을 잡고 인테리어를 한다. 1억 원의 예산을 갖고 10개의 객실을 인테리어할 경우 각방에 약 1,000만 원씩 투자해서 방을 만든다. 방의 크기나 구조에 따라 약간의 편차는 있지만, 보통 이런 식의 투자가 이루어진다.

모든 객실을 완벽하게 꾸미고 싶기 때문이다. 하지만 이렇게 각 객실에 균등하게 투자해서 인테리어하는 것은 합리적이지 못하다. 인테리어 예산을 객실 수 만큼 쪼개서 공사했을 때 단 1개의 방조차도 소비자들의 눈에 띄지 않는 방으로 만들어질 가능성이 있기 때문이다. 물론 인테리어 전보다 조금 더 좋은 방으로 만들 수는 있겠지만, 임팩트 있는 방으로 만들 수 있을 만한 예산은 아니다. 만약 10개 전체 방을 인테리어하는 것이 아니라 1개의 방에 막대한 투자를 해서 인테리어한다면 어떨까? 예를 들어, 예산과 객실 수가 앞서 설명한 상황과 똑같다고 가정했을 때, 단 하나의 방에 약 4,000만 원의 비용을 투자해서 객실을 만든다면 주변 경쟁 펜션에 밀리지 않을 만큼의 멋진 객실이 적어도 1개는 만들어지게 된다. 그리고 나머지 6,000만 원의 비용으로 9개의 인테리어를 하면 된다.

'그럼 나머지 방들은 예쁘지 않을 텐데 과연 장사가 되겠느냐?'라고 반문할 수도 있겠지만, 펜션이 어느 정도 입소문이 나고 광고나 홍보를 꾸준히 해왔다면 성수기 기간은 당연히 모두 채울 수 있고, 비수기도 주말은 70% 이상 채울 수 있다. 그래서 보통 펜션업을 주말 장사라고 한다. 열심히 홍보하면 주말은 그럭저럭 채울 수 있다.

문제는 바로 비수기 평일이다. 나는 지금껏 10년 이상 숙박사업 컨설팅 관련 일을 해왔지만, 비수기 평일에 모든 객실을 매일 채우는 펜션은 거의 본 적이 없다.

그렇다면 비수기 평일에 채우지도 못할 방을 위해서 전 객실을 모두 완벽하게 꾸밀 필요가 있을까? 성수기에는 공급보다 수요가 많기 때문에 방이 대단히 예쁘지 않아도 조금만 노력하면 모두 채울 수 있고, 열심히 홍보한다면 주말은 모두 채울 수 있는데 과연 과한 인테리어 투자가 필요한가? 그렇기 때문에 펜션을 대표하는 방은 전체가 아니라 하나만 만들어도 충분하다는 것이다.

막대한 투자를 한 단 1개의 방이 있다면 비수기 평일에 적어도 1개의 방을 판매할 수 있는 상황이 만들어질 수도 있다. 그렇기 때문에 적어도 쇼룸만큼은 최고 수준이어야 한다. 그래야 주중 여행을 떠나려는 사람들의 눈에 띌 것이다.

주말을 제외하고 계산해보자. 1박에 10만 원짜리 방을 월, 화, 수, 목, 금요일 5일을 매일 1개씩 채운다면 50만 원이고, 4주면 200만 원이다. 이 정도 비용이면 소규모 펜션에서 광고비로 충분히 쓰고도 남을 돈이 된다. 물론 이 정도(월 200만 원) 비용의 광고비를 쓸 수 있다면 전체 펜션 판매율은 동반해서 더 올라가게 된다. 강한 인상을 남기는 객실을 최소 1개만 가지고 있다면 월 200만 원 +α의 이익을 만들 가능성이 생긴다.

1개의 쇼룸을 만들어야 하는 이유를 다시 정리하자면 다음과 같다.

첫 번째, 가장 큰 이유는 임팩트 있는 방을 만들어 입소문을 내기 위함이고, 두 번째 이유는 적은 수라도 비수기 평일을 채우기 위함이다. 그리고 또 하나의 이유가 더 있다.

만약 평화롭게 잘 운영되던 당신의 펜션 바로 옆에 약 20~30억 원이 투자되어 30개의 객실을 보유한 어마어마한 펜션이 들어선다고 가정하자. 생존권을 위협하는 경쟁 상대가 될 것이라는 생각에 불안해질 것이다. 하지만 당신의 펜션에 강력한 임팩트를 줄 수 있는 방이 있다면 걱정할 필요가 없다. 앞서 예를 든 30억 원짜리 대규모 펜션과 같은 곳들은 대부분 넓은 부지의 매입을 위해 막대한 비용을 투자하고 부대시설 등 시설 투자에 많은 비용이 들어간다. 그리고 큰 금액을 투자한 만큼 이익을 내기 위해 객실 수가 많아질 수밖에 없다. 많은 수의 객실을 만든 만큼 모든 객실에 막대한 인테리어 투자는 불가능하다. 즉, 당신의 쇼룸 3,000~4,000만 원을 투자한 독특하고 임팩트 있는 방과 경쟁에서 이길 승산은 거의 없다. 펜션의 전체 투자비를 따졌을 때 전체 규모로는 경쟁업체를 못 따라가지만 쇼룸 단 1개 방으로만 승부한다면 대규모 펜션과의 경쟁에서 충분히 살아남을 수 있다. 다만 소비자의 여행 목적이 객실이 아닌 부대시설을 이용해야 하는 단체 여행자들이라면 큰 규모의 펜션이 유리하다. 하지만 어차피 당신의 펜션은 단체 펜션이 아니므로 결국 나누어 먹기가 아니라 완전히 다른 그룹의 여행자를 대상으로 영업하는 다른 펜션이 되는 것이다. 어차피 손님이 원하는 것은 단 1개의 객실이며, 펜션 여행자들은 프라이버시가 잘 지켜지는 폐쇄적인 객실을 원하기 때문에 펜션에 내세울 만한 쇼룸이 있다면 주변에 아무리 막대한 투자 비용으로 건물이 만들어진다고 해도 충분히 겨룰 수 있게 된다. 그러니 쇼룸은 꼭 만들어야 한다. 그리고 내 펜션의 쇼룸이 만들어졌다면 광고나 SNS를 진행할 때 인기 없는 방은 철저하게 보여주지 않고 쇼룸만을 집중해서 노출시켜야만 한다(나머지 방은 홈페이지에서 보여주면 된다).

나는 오래 전 해외의 럭셔리 호텔을 한국의 소비자들에게 광고 하는 일을 오랫동안 해왔다. 해외의 호텔을 한국의 소비자들에게 홍보하기 위해서 배우, 가수, 개그맨 등 다양한 연예인과 유명인들을 섭외해서 호텔과 함께 촬영 후 한국의 신문, 잡지, 인터넷 등 모든 미디어에 배포하는 아주 단순한 마케팅 방법이었다. 당시엔 인터넷 활용이 지금처럼 활발하지도 않았던 시절이었기 때문에 가능한 광고 방법이었다. 하지만 이런 단순한 마케팅에도 원칙은 있었다. 호텔의 가장 매력적인 모습을 찾아내는 것!

당시 필자가 마케팅에 참여한 호텔들은 태국 반얀트리 리조트, 태국 카오락 사로진 리조트, 푸켓 헤라 풀빌라, 발리 까르띠까 리조트, 로얄 피타마하, 빌라 드 다운, 롬복 코렐리아 리조트 등 매우 다양했다. 이 모든 호텔들은 여러 가지 타입의 객실이 있었지만 소비자들에게 어필할 수 있는 메인 컷(사진)을 담기 위해 부단한 노력을 했었다. 그런데 이와 같은 방법은 오히려 부대시설과 다양한 객실이 있는 호텔보다도 객실이 상품의 전부인 펜션이 더욱 신경써야 할 방법이다. 펜션 광고는 단 한 장의 사진으로 마케팅 성패가 갈린다고 해도 과언이 아니다. 펜션은 그러한 베스트 컷을 갖기 위해서 노력해야 한다.

## TIP

# 포토존, 어디에 설치하는 것이 좋을까?

많은 펜션 운영자들이 포토존에 대한 생각을 가지고 있다. '여행자들이 펜션에 도착해서 사진도 찍고 쉴 수 있는 공간을 만들면 손님들이 더 좋아하지 않을까?' 하는 마음에서 생각한 것이 포토존이다. 하지만 커플 여행자들의 경우 둘만의 시간을 갖길 원하며, 객실 내에서 보내는 시간이 매우 길다. 그렇기 때문에 포토존과 같은 것들을 설치하고 꾸밀 경우에는 될 수 있으면 펜션의 외부가 아닌 객실 내에 설치하는 것이 더 효과적이다. 고객들은 객실 안에서 예쁜 조형물들이나 예쁜 조명 아래서 촬영한 후 SNS에 올리게 될 것이다.

펜션 투숙객들은 폐쇄적인 성향을 띈 여행자들이 대부분이며, 자기 공간에 대한 애착이 매우 높다.

● 서천 반하다 펜션

## 서천 반하다 펜션 ●

한 팀만을 위한 시스템으로
매출을 높인 독특한 펜션

"
원 빌라 시스템
"

● 건물 하나에 한 팀만 받을 수 있는 펜션
이 있다. 오래전부터 무인텔이라는 이름으
로 성행하던 모텔들이 있는데, 이 펜션도
시스템으로만 본다면 무인텔과 크게 다르
지 않다. 다만 무인텔은 아베크족들의 데
이트 장소로 이용된다면 지금 소개할 반하
다 펜션은 단체 여행자들의 자유롭고 독립
된 공간을 즐기기 위한 장소로 이용되고
있다.

대지 67평의 작은 땅 중 12.8평의 작
은 공간 위에 좁고 길게 솟아 있는 3층 건
물 한 채. 좁은 땅 위에 만들어졌기 때문
에 1층은 작은 거실 겸 주방, 작은 방, 화

장실이 있고, 2층은 거실처럼 넓은 공간, 3층은 작은 다락방으로 이루어진 형태로 만들어졌다. 이 건물이 바로 서천 '반하다 펜션'이다.

서천의 작은 펜션인 '반하다 펜션'은 일반적인 형태의 펜션이 아니기 때문에 출발부터 여러 부분 문제점이 많았던 곳이다. 반하다 펜션의 사장은 펜션 사업에 경험이 전혀 없었으며, 펜션 사업에 대한 정보가 매우 부족한 상태에서 무작정 전에 매입했던 작은 땅에 건물을 짓기 시작했다.

반하다 펜션 사장은 건물을 짓기 전부터 나에게 컨설팅을 받았으며, 앞으로 어떤 형태의 건물이 만들어져야 영업에 유리해질지 여러 번 상담을 받았다. 당시 나는 앞으로 만들어질 건물을 태국 푸껫의 '헤라 풀빌라'나 '알린타 레지던스'를 벤치마킹해서 지으라고 여러 차례 전달했지만, 결과물은 전혀 다른 느낌의 가정집 같은 분위기로 완성되어 버렸다.

● 태국 푸껫의 알린타 레지던스. 좁은 땅에 2~3층을 올린 럭셔리 빌라 알린타는 반하다 펜션이 벤치마킹하기 매우 좋았다.

서천 '반하다'는 펜션으로 여행을 온 단 한 팀이 1, 2, 3층을 모두 사용해야 하는 구조이다. 즉, 단 한 팀만을 위한 펜션이다. 규모가 작기 때문에 매출도 낮을 수

밖에 없다. 그렇기 때문에 객단가와 구매전환율을 높이기 위해서 다른 펜션과 확실히 구분되는 독특함으로 승부해야만 했다. 하지만 건축 공사를 마친 반하다 펜션은 마치 평범한 전원주택 안방 같은 모습이었으며, 주목할 만한 이미지는 찾아볼 수 없었다.

외관은 다행히 세련된 느낌으로 잘 완성되었지만, 문제는 인테리어였다. 공사 시작 전부터 반하다 펜션 사장에게 분명히 펜션의 컨셉을 전달했음에도 평범한 느낌의 건물이 만들어지게 된 이유는 여러 가지가 있었다.

### 영업에 유리한 펜션으로 만들지 못한 이유
- 지인을 통해 집을 지었다.
- 건축가가 펜션 전문 또는 카페와 같이 상업건축 인테리어 전문가가 아닌, 집을 전문으로 짓는 사람이다.
- 건물주가 펜션의 컨셉을 완벽하게 이해하지 못했고 건축회사에 컨셉을 명확히 전달하지 못했다.

이런 이유로 펜션에 적합하지 않은 건물과 실내인테리어가 만들어지게 되었다. 반하다 펜션 외에도 많은 펜션 창업자들이 건축을 할 때 주변에 알고 있는 지인들을 통해서 집을 짓는 경우가 많다. 물론 필자 주변에도 건축하는 사람도 많고 인테리어를 업으로 하는 지인들도 참 많다. 하지만 집을 짓는 사람 중 펜션을 전문으로 짓는 회사는 그리 많지 않다. 그렇기 때문에 건축을 맡기기 전에 건축회사의 이전 공사 이력들을 꼼꼼히 살펴보고 검색해본 후 결정해야 한다.

많은 사람들이 건축회사에 펜션의 예상 디자인을 대략적으로 전달하면 건축회사가 알아서 척척 만들어줄 것이라고 생각하고 건축 회사를 많이 의지하지만, 실상은 그렇지 않다. 건축과 인테리어 분야는 매우 다양하고 건축 회사들은 나름의 전문 분야가 따로 있다. 펜션 사장의 생각을 한번에 파악해서 알아서 만들어주는 건축회사는 많지 않다. 끊임없이 대화하고 설명하며 생각을 전달해야 한다. 그렇기 때문에 건축은 몰라도 펜션의 디자인에 대해서는 정확히 알고 있어야 한다.

지난주에 나는 세 명의 펜션 창업 예정자를 컨설팅했는데, 그중 두 명이 건축사였다. 그분들에게 펜션이 어떻게 만들어져야 하는지 한참을 이야기하니 그들은 마치 생각지도 못한 분야를 접한 듯 내 말을 귀기울여 듣더니 이처럼 이야기를 했다.

"저는 십수 년간 빌라를 많이 지어서 돈도 꽤 벌고 평만도 좋은 편입니다. 나름대로 건축은 자신 있다고 생각했지만 펜션 건축에 필요한 디자인은 전혀 다르군요. 생각지도 못했습니다."

그렇기에 이러한 분야는 좋은 집을 짓는 것과는 별개의 전문 분야라고 생각하고 접근해야 한다. 펜션의 인테리어만이라도 카페와 같이 독특한 분위기를 전문으로 만드는 상업 인테리어 전문 회사나 호텔, 펜션 인테리어에 경험을 많이 쌓은 회사에 일을 맡겨야 한다.

반하다 펜션 사장은 친분이 있는 분에게 토목공사부터 인테리어까지 전부 맡기다 보니 결국 전문가(건축가)의 의견을 따라가게 된 것이다. 그리고 건축주(펜션 사장)가 건축과 디자인에 지식이 없으니 건축회사와 의견 충돌이 있을 때마다 명확하게 컨셉을 전달하지 못하고 결국 집을 짓는 전문가의 의견을 따르게 되었다. 하지만 그분은(건축사) 편안하고 살기 좋은 단단한 집을 만드는 분이지, 결코 독특한 상업 인테리어와 건축을 해왔던 분은 아니었다.

펜션 사장은 건축과 인테리어할 펜션의 컨셉을 명확하게 알고 있어야 한다. 그리고 건축사에게 자기 생각을 충분히 전달할 수 있을 만큼 지식을 쌓아야 한다. 펜션 마케팅에 매우 중요한 건축물의 컨셉은 건축이 되기 전 확실히 그려놓아야 한다. 하지만 아쉽게도 반하다 펜션은 그렇게 하지 못했다.

시간이 흘러 우여곡절 끝에 서천 반하다 펜션이 완성되었다. 그리고 우려했던 대로 너무 평범한 모습으로 완성된 객실 내부는 소비자를 끌어들이는 데 분명히 한계가 있었다. 여행은 평범한 일상을 깨는 이벤트다. 특별한 날에 안방과 같은 곳에서 잠을 자게 된다면 여행자 입장에서는 특별한 날, 기억에 남는 하룻밤이 되지 못할 가능성이 크다. 오히려 특별한 날이 되어야 하는 하루를 방해하는 요소가 될 뿐이다. 그렇기에 고객들이 독특한 분위기에서 설레는 잠을 잘 수 있도록 객실을 연출해야 한다.

나는 서천 반하다 펜션의 공사가 마무리되었다는 소식을 듣고 한걸음에 서천으로 달려가 펜션을 시찰했다. 반하다 펜션은 이미 인테리어

● 컨설팅을 받는 서천 반하다 펜션 사장

까지 모두 마친 상태로 더 이상 손댈 수 없는 상황이었다. 펜션을 둘러보며 잘못된 점들을 하나하나 지적해주었는데, 나와 한참을 이야기 나누었던 펜션 사장은 인테리어를 다시 하는 건 어떤지 물었다.

"어떻게 하죠? 전에 컨설팅받았던 대로 결과물이 나오질 않았어요. 너무 가까운 분에게 의뢰해서 지었기 때문에 제 의견을 강하게 말씀드리지도 못했고 의견 충돌이 있을 때 그분은 자신이 더 전문가라고 워낙 강하고 자신감 있게 말씀하시니 저는 그냥 그게 맞나 보다 하고 또 수렴했더니 결과물이 너무 평범하게 나왔네요. 인테리어를 다시 해야 할까요?"

"건물을 짓기 위해서 이미 많은 지출을 했고, 어차피 이 펜션은 한 팀만 받을 수 있는 작은 펜션인데 얼마나 큰 매출을 만드시겠다고 또 인테리어를 하겠습니까? 현 상황을 크게 바꾸지 않는 범위 내에서 고민을 한번 해봅시다."

당시 나는 펜션 사장에게 현 상태에서 최소한의 투자로 큰 변화를 줄 방법을 설명해야만 했다.

"사장님은 펜션 창업 전 여러 숙박업체들을 다니며 주무신 적도 있다고 하셨죠? 혹시 부티크 호텔을 시찰하신 적은 있습니까?"

"아니요, 저는 펜션만 시찰해봤어요. 호텔은 진히…."

"그렇군요. 우리가 가장 먼저 펜션 하면 떠올리는 모습은 전원적인 분위기가 나는 숙소입니다. 유럽의 시골에서 볼 수 있을 만한 목조건물이죠. 그래서 펜션 사업을 시작하려고 마음먹은 사람들은 대부분 그런 이미지를 떠올리며 펜션을 만들려고 합니다. 하지만 최근 국내 소비자들의 성향을 보면 자연 친화적인 분위기의 펜션보다는 부티크 호텔과 같은 인테리어를 훨씬 더 선호합니다. 그렇다면 펜션보다는 부티크 호텔을 시찰하고 벤치마킹하는 것이 더 도움이 되겠죠? 그래서 저도 그 감을 잃지 않으려고 시간이 날 때마다 해외의 호텔들을 시찰하고 있습니다. 지금까지 시찰한 해외의 호텔들과 빌라들만 해도 400여개가 넘죠. 제 블로그나 인스타그램(페이스북)을 보면 매번 해외여행을 즐기는 여유 있는 사람처럼 보이죠? 사실 제 입장에서는 일입니다. 제가 해외의 유명 호텔들을 시찰한 경험이 많으니 하나하나 잘 가르쳐드리겠습니다."

● 푸껫 라 프로라 호텔 세일즈 매니저를 인터뷰 중인 필자. 현재까지 약 400여 곳의 호텔을 시찰 또는 투숙한 경험이 있다.

해외 유명 호텔들의 내부 구조는 생각보다 단순하다. 넓지 않고 독특한 구조를 갖고 있지는 않지만, 호텔의 객실 문을 여는 순간 입가에 미소를 띠게 하는 매력을 갖고 있다.

객실이 매력적으로 보이기 위해서는 전망, 내부 구조, 인테리어 등 여러 가지 조건이 있지만 결국 벽면의 색, 바닥 그리고 조명의 조화가 가장 큰 역할을 한다.

서천 반하다 펜션처럼 이미 인테리어가 다 끝난 상황이라고 해도 실망할 필요는 없다. 조명으로 연출하는 방법은 수없이 많고 객실의 분위기에 따라 다양하게 연출할 수 있기 때문이다.

조명은 객실 상태를 잘 고려해서 차가운 색의 조명과 따뜻한 색의 조명을 적절하게 이용해야 한다. 그리고 빛이 닿는 면의 색감과 분위기를 파악해야 한다. 낮에는 자연광을 받쳐주는 색으로, 밤에는 조도를 많이 낮추고 빛의 방향을 아래로 내려 차분하고 분위기 있는 객실로 만들면 매우 이색적이고 멋스럽게 연출할 수 있다.

● 조명 활용을 잘 한 객실 예. 태국 푸껫 아야라 카말라 풀빌라

사진의 푸껫 아야라 카말라 풀빌라처럼 빛을 아래로 포인트를 주어서 내리는 이유는 일단 보기도 좋지만, 일반 가정집과 같은 분위기에서 호텔과 같은 분위기로 변화시키기 위해서다. 앞에서도 자주 이야기했지만, 펜션은 우리 집 안방 같은 분위기로 만들어지면 안 된다. 소비자

들의 눈에 익숙한 방은 특별함을 전달해줄 수 없다.

　최근에는 대중적으로 집 꾸미기에 관심이 많아져서 방 안을 카페나 호텔처럼 조명을 설치하는 집이 많이 늘고 있지만, 아직까지 가정집의 조명은 천장 정중앙에 큰 등을 달아 방 전체를 환하게 비추는 것이 일반적이다. 분위기 연출에 초점을 두지 않고 방을 환하게 만드는 이유는 거주 목적이기 때문이다.

　하지만 펜션이나 호텔은 다르다. 펜션에 놀러 와서 밝은 불빛 아래에서 한참 독서를 하거나, 바느질 등의 일을 하는 사람들은 거의 없다. 그렇게 때문에 특수한 몇몇 상황을 제외하고 펜션 객실의 조명은 일반 주택의 안방처럼 밝을 필요가 없다. 거주의 편의성이 아닌 분위기 연출에 더 집중해야 한다. 펜션 인테리어를 멋지게 해놓았더라도 객실 정중앙에 커다란 형광등을 달아서 방 안 전체를 밝게 비춘다면 분명히 일반 가정집처럼 보일 것이다.

　조명의 주변에는 무광으로 된 벽이나 소품들이 더 연출하기 좋으며, 방의 색과 밝기를 거실의 색과 다르게 하는 것만

● 밝은 천장 조명이 있는 일반 펜션 객실 모습. 객실을 독특하게 꾸며놓아도 조명 하나 때문에 객실 분위기 연출이 어려워질 수 있다.

으로도 몽환적인 분위기를 연출할 수도 있다. 그리고 소파나 침대 뒤쪽 안 보이는 곳에 조명을 설치해 빛이 새어 나오게 하는 것으로도 매우 독특한 분위기로 만들 수 있다. 보이지 않은 곳에서 새어 나오는 조명의 색과 조도는 낮아야 한다.

객실 분위기를 바꾸는 조명에 관해서 이야기하자면 수없이 많은 방법이 있으니 펜션 인테리어에 대한 설명은 다음 장에서 다시 소개해보려고 한다.

**TIP**

필자가 직접 시찰하며 촬영한 부티크 호텔 사진은 네이버 카페를 통해 참고할 수 있다.

http://cafe.naver.com/buzzga/

반하다 펜션을 시찰한 후 조명과 소품으로 이미지를 빠르게 변경할 수 있다고 판단했고, 많지 않은 비용을 들여서 앞서 설명한 대로 설치를 마쳤다. 완벽하지는 않았지만, 의도한 방향으로 펜션의 분위기가 만들어지고 난 후에는 광고와 홍보를 시작하기로 했다. 하지만 반하다 펜션은 단 한 팀밖에 투숙할 수 없는 구조이기 때문에 광고와 홍보에 투자를 과하게 할 수 있는 상황이 아니었다.

기본적으로 펜션을 운영하기 위해서는 홈페이지가 필요한데, 400만 원 이상의 비용은 들여야 괜찮은 펜션 홈페이지를 제작할 수 있다. 하지만 펜션의 규모가 작아서 홈페이지에도 과한 투자를 할 수가 없었다. 그래서 네이버에서 무료로 제공하는 모바일 홈페이지 도구인 '네이버 모두'를 메인 홈페이지로 사용하기로 했다. 하지만 멋지게 홈페이지를 만들어서 운영해도 모자랄 판에 화려하지 않은 간소한 '네이버 모두' 홈페이지를 갖고 운영하기는 분명히 어려운 상황이었다. 그래서 반하다 펜션은 예약율을 높이기 위해서 남들보다 더 독특한 이미지가 필요했고, 그 독특한 컨셉을 최대한 열심히 알려야 했다. 좋은 펜션, 괜찮은 펜션, 예쁜 펜션이라는 밋밋한 이미지로 만들어진다면 서천 반하다 펜션은 정말 최악의 상황을 맞이할 수도 있다.

　반하다 펜션은 분명히 다른 펜션에 비해서 약점들이 많다. 어떻게 단점이 많은 펜션에 독특한 이미지를 심어 넣을 수 있을까?

## 약점이 강점이 되다

　고민 끝에 반하다 펜션은 다른 펜션들이 갖지 못하는 차별화된 이미지를 만들게 되었다. 펜션이 단 한 채 밖에 없어서 손님이 펜션을 예약하면 결국 통째로 빌려야 한다. 다른 여행 팀의 방해를 받지 않고 눈치를 볼 필요도 없다. 닭살 돋는 이벤트나 애정표현도 편하게 할 수도 있고, 갓난아기가 밤새 울어도 눈치 볼 필요가 없는 그런 장소라는 장점으로 포장한다면 펜션의 구매율은 높아질 것이다. 그래서 인터넷에 노출되는 모든 공간에 독립공간에 대한 이미지를 전달했다. 물론 네이버 키워드 광고도 진행했는데, 키워드 광고의 설명문구(소재)도 아래와 같은 문구로 작성되었다.

## 이미지 노출

- 한 팀만을 위한 펜션
- 원 빌라 펜션
- 100% 프라이버시
- 닭살 이벤트를 마음껏!
- 별장을 통째로 빌리는 비용이 35만 원!

반하다 펜션 사장은 오랫동안 몸담고 있는 좋은 직업을 가진 분이었다. 그래서 그는 펜션 한 채에서 나오는 매출은 크게 생각하지 않고 있었다. 하지만 막상 펜션 운영을 시작하고 약 3개월이 지난 후 생각보다 높은 매출 때문에 매우 놀랐었다고 한다. 이는 약점이 많은 반하다 펜션에 여행자들이 꼭 와야만 하는 이유를 잘 만든 후 컨셉을 구체화하고, 이 컨셉을 잘 광고한 결과라고 볼 수 있다. 컨셉과 광고 둘 중 하나만이라도 제대로 갖추어지지 않았다면 분명 반하다 펜션으로 이익을 내는 것은 매우 힘들었을 것이다.

펜션 사장이 말하길 애초에는 가족들이 별장처럼 쓸 목적으로 매입했던 땅이 펜션이 되었고, 그 펜션에서 이제는 수익까지 만들어지니 이 사업에 더 투자하고 싶은 마음이 생겼다고 말한다.

반하다 펜션 사장은 이미 근처에 또 다른 땅을 구입해놓았고, 앞서 만들었던 '한 팀을 위한 펜션'의 컨셉으로 2~3채 정도를 더 건축하기 위한 준비를 하고 있다.

● 홍천 구름 속의 산책 펜션의 일부 건물

## 홍천 구름 속의 산책 ●

단체 펜션 이미지를
확실하게 만들어
100% 이상의 매출을 올린 펜션

"
누구의
지갑을 열 것인지
명확히 파악한 후
영업을 한다!
"

● ● 홍천 구름 속의 산책 펜션은 오래전부터 운영된 곳이고, 이미 사장이 3번 정도 바뀌었다. 운영이 가장 잘 되었던 시절은 약 2009~2012년이었고 그 후 인근 지역에 화려한 펜션들이 만들어지기 시작하면서 점차 내리막길을 걷기 시작했다.

내가 홍천 '구름 속의 산책' 사장을 만난 때는 2016년 초봄이었다. 컨설팅을 위한 시찰로 홍천에 도착했을 때 톱을 들고 부지런히 무언가를 자르고 있던 펜션 사장의 모습이 생생하다. 홍천 '구름 속의 산책' 펜션 사장은 펜션을 막 인수해서 영업을 준비 중이었다. 첫 만남에 나는 펜션 사장에게 왜 펜션을 운영하게 되었느냐고 물었다. 그리고 그는 이렇게 답했다.

"원래 저는 캠핑을 엄청 좋아합니다. 아내와 아이들과 함께 캠핑하는 것도 좋아하고 혼자서 캠핑을 하는 것도 좋아하죠. 항상 캠핑하는 마음으로 인생을 즐기며 살자고 마음먹고 보니 펜션이 가장 적합한 거 같았죠. 하지만 막상 이렇게 일을 크게 벌려놓고 보니 제가 생각했던 것과는 참 많이 다르네요. 아직은 초반이라 힘든지도 모르고 열심히 하고 있는데, 도대체 뭐부터 시작해야 할지 모르겠습니다. 그래서 좀 체계적으로 배워보고 싶어서 연락을 드렸죠."

● 필자와 첫 상담을 나누고 있는 구름 속의 산책 펜션 사장

당시 펜션 사장은 자신의 로망이었던 캠핑과 펜션 사업을 접목하고자 사업을 시작했다. 하지만 규모가 매우 큰 펜션이었기 때문에 천천히 즐기면서 운영을 할 수 있는 상황은 아니었다. 펜션에 매달려 치열하게 경쟁해야만 이 큰 펜션이 겨우 돌아갈 수 있는 규모였지만, 당시에 펜션 사장은 그 심각성을 잘 모르고 있는 듯했다.

홍천 구름 속의 산책 펜션은 규모가 매우 큰 곳이다. 야외 공연장과 실내 공연장 및 세미나실이 2개나 있고, 큰 규모의 건물이 여러 동이 있다. 그리고 수영장은 두 곳, 풋살 구장까지 갖추었다. 하지만 시설들이 오래돼서 깔끔하고 새로운 것을 선호하는 요즘 소비자들의 기준에는 맞지 않는 펜션으로 보였다. 표면적인 모습만 봤을 때는 대대적인 리노베이션이 꼭 필요한 상황으로 보였으며, 전체적으로 낡은 모습이 구매력을 떨어뜨리는 가장 큰 요인으로 보였다.

구름 속의 펜션 사장은 펜션 운영권을 넘겨받자마자 노후된 시설들을 보수하느라 많은 시간을 보냈다고 한다. 다가오는 여름 성수기를 대비하기 위해 쉼 없이 일했지만 큰 펜션을 보수하기 위해 일손과 시간은 턱없이 부족한 상황이었다. 당시 그는 모든 일을 해결하기 버거웠으며 무엇부터 시작해야 할지 알려줄 선배의 조언이 절실히 필요한 상황이었다고 말했다. 그래서 구름 속의 펜션 사장은 펜션 창업 직후 주변의 여러 사람에게 조언을 들었지만, 강 건너 불 보듯 쏟아내는 지인들의 조언은 당시엔 큰 도움이 되지 못했다고 했다. 당시 지인들의 조언은 이러했다.

"요즘은 커플 펜션이 대세이니 투자를 좀 해서 펜션을 꾸미는 것이 어떻겠습니까?"

"단체팀을 잡는 건 너무 힘드니까 가족 펜션 분위기로 가는 것은 어떻겠습니까?"

"요즘 스파가 대세이니까 큰 객실에 스파를 넣는 건 어떻겠습니까?"

등의 확신이 없는 비전문가의 조언들이었다. 지인들의 조언은 단지 펜션의 허름하고 낡은 분위기만 보고 조언한 것일 뿐, 단체 펜션으로서 이 펜션이 얼마나 매력적인지 모르고 한 말들뿐이었다.

펜션이 예쁘지 않아도 대규모라는 이미지만으로도 매력적인 컨셉이 될 수도 있다!

필자는 오랫동안 숙박사업을 컨설팅하며 쌓은 경험과 지식을 통해 만들어놓은 마케팅방법들이 실전에서 얼마나 효율적인지를 알아보기 위해서 직접 펜션을 운영해본 일이 있다.

그중 내가 운영하던 하나의 펜션은 수용 가능 인원이 100명이었는데, 더 많은 큰 규모의 단체 여행 그룹을 잡기 위해서 150명까지 투숙이 가능하다고 인터넷에 소개했었다. 그 이유는 바로 옆에 붙어 있는 이웃 펜션의 도움을 받을 수 있기 때문이었다. 옆 펜션과 협의가 잘 되어 있었기 때문에 150명까지도 충분히 모객이 가능했다.

당시에는 많은 펜션들이 럭셔리 펜션으로 탈바꿈하기 위해 노력하던 중에 나는 규모를 더 키워서 다른 펜션들에 비해 월등히 많은 모객을 할 수 있는 단체 펜션 이미지를 내세웠고, 성공적으로 운영했었다. 50~100명 정도를 수용할 수 있는 펜션들은 많지만 150~200명 이상을 모객할 수 있는 펜션은 많지 않기 때문에 충분히 희소성이 있었다. 그 희소성은 희소가치를 인정하는 사람들에게는 매력적인 상품이 된다. 그리고 큰 매출로 이어진다.

커플 펜션이 객단가가 높으니 커플 펜션으로 운영해야 한다고 말하는 사람들도 있지만, 꼭 그런 것만은 아니다. 단체의 경우는 숙박료를 1인 기준으로 하는 것도 가능하며 숙박료 안에는 바비큐 세트를 포함한 금액을 받을 수 있어서 꽤 높은 판매가를 만들 수 있다. 그러므로 운영하는 펜션에 와야만 하는 확실한 명분을 만들어놓는다면 그들은 객실의 수준에 크게 관여하지 않고 300~400만 원이나 하는 큰 비용을 하루 숙박료로 지불하기도 한다. 단체 워크샵을 떠나는 회사의 경우 회사의 법인카드를 사용하기 때문에 지출을 아까워하지 않고 통 크게 돈을 쓰는 경우가 많다. 기업 및 단체를 대상으로 영업을 잘 한다면 커플 펜션이 한 달 동안 열심히 일해야 벌 수 있는 수입을 며칠 만에 벌 수도 있는 매력적인 아이템이 바로 단체 펜션이다. 필자도 단체 펜션을 운영하며 꽤 큰 수익을 얻었다(필자가 운영했던 펜션의 성공사례는 뒷부분에 자세히 소개했다).

나는 홍천 구름 속의 산책 펜션을 방문 후 한참 동안 펜션을 돌아봤다. 분명히 단점이 많은 곳이었지만, 단체 여행자들에게 어필할 수 있는 장점들이 곳곳에서 보였다.

장점은 규모가 크고 경치가 좋다는 것. 그리고 워크샵 전문 펜션으로 운영시 유리한 좋은 교통과 위치라는 점(도시와 인접성이 좋다는 점), 그리고 부대시설 등이었다. 하지만 이러한 장점들 외에 특별함은 찾기 힘들었고 보수해야 할 낡은 시설들이 계속 눈에 걸렸다.

낡은 펜션은 당연히 커플 여행자들이나 젊은 가족 여행자들에게 선택받지 못한다. 그렇기 때문에 워크샵이나 야유회를 진행하기에 특화된 펜션으로 보이는 것이 가장 중요하다. 그들은 객실의 화려함보다는 '행사 진행이 얼마나 원활한가?'에 초점을 맞추어 예약할지 말지를 결정하게 된다. 그렇다면 단체 펜션은 인터넷에 펜션을 어떻게 포장해서 보여줘야 할까? 그리고 누구에게 잘 보여야 할까?

바로 '김 대리'다. 단체 펜션은 바로 김 대리한테 아부를 떨어야 한다. 회사에서 여행지의 숙소를 선택하는 사람은 사장이나 임원이 아니라 거의 직급이 낮은 직원들이 선택하게 된다. 결정만 고위 임원이 한다. 그럼 이해를 돕기 위해 가상의 사례를 통해 왜 단체 펜션이 김 대리에게 잘 보여야 하는지 설명해보겠다(직급이 낮은 직원을 이해를 돕기 위해 '김 대리'라고 표현했다).

---

## 단체여행 팀이 펜션을 예약하기까지의 과정 예

회사 내에서 중요한 결정을 내리는 일을 하는 것은 아니지만, 항상 많은 업무에 시달리는 바쁜 직원 '김 대리'.

어느 날, 회사에서 다음 달에 진행할 부서 워크숍 장소를 찾아보라고는 상사의 명령을 받는다. 가뜩이나 바쁜 업무 때문에 짜증이 나지만 틈틈이 모니터 앞에 앉아 시간을 쪼개서 숙소까지 알아봐야 한다. 숙소를 찾았다고 하더라고 당일 행사 진행은 직급이 낮은 김 대리와 동기들이 해야 할 짜증 나는 상황이다. 더군다나 김 대리는 워크숍을 진행해본 경험이 많지 않아서 뭐가 뭔지 잘 모르겠다. 이전에 여자친구와 예쁜 펜션은 몇 번 여행해본 경험이 있지만 워크숍 장소를 잘못 선택했다가는 상사의 꾸지람을 들을 수도 있을 거 같아 펜션 선택이 매우 조심스럽다. 그래도 상사의 명령은 받았으니 한참을 검색해서 큰 규모의 펜션들 몇 곳을 찾아냈다. 하지만 펜션 홈페이지마다 소개한 모습은 외부 모습이나 객실 모습이 조금씩 다른 것 외에는 모두 거기서 거기인 것처럼 보인다. 대부분의 단체 펜션 홈페이지를 보면 커플이나 가족 전문 펜션의 홈페이지와 크게 다르지 않게 꾸며져 있기 때문이다. 어떤 홈페이지를 봐도 펜션 소개, 외부 소개, 내부 소개, 주변 관광지 안내, 게시판의 구성으로 소개되어 있고 나름 멋지게 잘 촬영하고 편집한 사진들로 채워놓고 있다. 어디를 선택해야 할지 고민을 하던 중 눈에 띄는 한 펜션을 발견했다. 우연히 발견한 한 홈페이지는 달랐다. 외부나 객실 소개들도 잘 되어 있지만, 홈페이지의 전면에 단체 여행으로 놀러 왔을 때 할 수 있는 것들을 상세하게 사진과 함께 설명해놓았다.

## 김대리가 발견한 단체 펜션 홈페이지에서 소개하고 있는 내용

- 펜션과 제휴된 관광버스 업체들 소개와 장점
- 펜션 세미나실의 사용방법과 비용
- 저녁 시간 행사 진행을 위한 강당이나 공연장 소개
- 펜션과 제휴된 레포츠 업체들 소개와 장점
- 단체 여행자들이 펜션에서 즐길 수 있는 단체 게임방법 소개
- 단체 게임이나 행사 진행을 위한 재료(현수막, 깃발 등) 제공
- 펜션에서 제공하는 가상 스케줄 소개(워크숍 진행 과정)
- 단체 여행자 100명이 함께 바비큐 파티를 즐기는 모습
- 우천 시에도 본 펜션에서 행사를 진행하는 방법
- 본 펜션에서 매년 행사를 진행하고 있는 유명 기업의 단체 사진 소개
- 여러 행사에 어울리는 다양한 플래카드 무료제작

● 단체 펜션 홈페이지에 관광버스 업체를 간단하게 분석해서 소개하는 것만으로도 단체 펜션의 홈페이지나 블로그 등을 더욱 풍성하게 만들고 단체 여행자들의 관심을 유발할 수 있다.

 김대리가 발견한 단체 펜션 홈페이지는 단순히 객실과 부대시설을 정적인 모습으로 보여주는 것이 아닌, 워크숍 진행을 다채롭게 해줄 거리를 다양하게 소개해놓아서 다른 펜션 홈페이지와 차별화를 두었다.

 이 방법은 필자가 직접 운영했던 단체 펜션이 사용했던 방법이다. 당시 필자의 펜션 홈페이지에는 승진, 퇴사, 전근, 종무식, 시무식, 환영식 등에 사용할 각종 행사별 건배사까지 정리해서 소개해놓을 정도였다. 이처럼 단체여행팀이 할 수 있는 것들을 다양하게 소개해놓는다면 단체 행사를 진행해야 하는 담당자의 손을 조금이라도 덜어줄 수 있는 펜션, 행사 진행에 유리한 펜션으로 보여질 수 있다. 즉, 수많은 단체 펜션 중 이러한 상세한 정보가 있는 곳을 확인한 김 대리는 본인이 이것저것 챙길 필요 없이 펜션 내에서 모두 편안히 해결할 수 있다고 판단한다. 그리고 당연히 펜션에 예약할 확률은 높아지게 된다.

당시 여러 사정으로 홈페이지를 변경할 수 없었던 구름 속의 산책 펜션은 대신 네이버 검색 광고, 블로그, 카페, 페이스북 광고, 마이 비즈니스(플레이스, 예약), 네이버 모두 홈페이지 등에 노출해서 단체여행에 특화된 모습을 소개했다.

이처럼 펜션 장점과 편리성을 적극적으로 소개하는 작업은 단체 펜션이라면 당연히 해야 하는 작업이지만, 특히 도심과 거리가 있는 펜션이라면 더욱이 앞서 설명한 펜션의 장점을 잘 소개해야만 구매율이 높아진다. 상대하기 조심스러운 사장과 임원, 상사를 고생시키면서 3시간이 넘는 곳까지 끌고 갈 용기가 있는 '김 대리'는 많지 않다. 만약 내 펜션이 회사에서 멀리 떨어져 있다면 편리한 교통편이나 제휴 관광 버스 업체, 그리고 펜션에 그들이 꼭 와야만 하는 이유를 분명하게 만들어야 한다. 하지만 앞서 소개한 대로 실행하지 않고 그저 멋지고 큰 펜션 외부나 객실 사진, 큰 세미나실 정도를 잘 편집해서 인터넷에 올려놓는다면 소비자들을 끌어모으는 데 한계가 있다. 하지만 아쉽게도 전국의 많은 단체 펜션들이 김 대리 구애(求愛)에는 실패한 홈페이지와 광고방법을 가지고 운영 중이다.

홍천 구름 속의 산책 펜션은 '강남역에서 40분 거리', '홍대에서 50분 거리' 등으로 홍천이 서울, 경기권에서 얼마나 쉽게 올 수 있는지를 소개하는 문구를 광고, 블로그, 카페, 네이버 모두, 플레이스 부분에 집중해서 소개했다. 구름속의 펜션은 주변 펜션에 비해 상대적으로 시설이 낙후된 곳이었지만 규모와 시설을 이용한 장점을 소개하는 글과 사진, 그리고 위치까지 적극적으로 알리기 시작하면서 매출은 예상했던 것보다 훨씬 더 크게 오르게 되었다.

'커플 여행자는 화려한 펜션에 움직이고, 단체 여행자는 거리에 움직인다.' 이 의미를 컨설팅을 통해 완벽하게 이해했던 펜션 사장은 컨설팅 3개월 만에 이전 매출의 세배 이상의 매출을 만들어 주변 펜션 사장들을 깜짝 놀라게 했다. 초보 사장이 펜션 사업 첫해에 지역 내 가장 높은 예약률을 만든 것이다.

얼마 전 구름 속의 펜션 사장에게 전화가 왔다.

"우리 펜션은 여름 성수기가 한 참 지났지만, 가을 워크숍 등을 진행하기 위해서 예약한 팀들이 꽤 많습니다. 그래서 그 덕분에 아직 성수기 이후 쉬지도 못한 상황이죠. 지난주 평일에는 100명 단체가 두 팀이나 들어왔습니다. 피곤하지만 돈이 벌리니 기분 좋네요"라고 말했다.

경영에 애를 먹던 펜션이 불과 몇 개월 만에 지역 내에서 가장 높은 예약률을 기록하니 갑작스럽게 홍천 지역 펜션 사장들의 컨설팅 의뢰가 물밀 듯이 몰렸던 일이 기억난다.

● 양양 초록 수채화 펜션

## 양양 초록 수채화

객실이 아닌
부대시설에 투자를 집중해
대박이 난 펜션

"
펜션은
작은 리조트가
되어야 한다
"

● 젊은 사장이 운영하는 양양 초록 수채화 펜션은 9년 전 펜션 컨설팅을 통해 나와 인연을 맺은 곳이다. 펜션 사장과는 아직도 그 연을 이어가며 자주 만나고 안부를 묻는 사이가 되었다.

초록 수채화 펜션은 강원도 법수치계곡 바로 앞에 자리 잡고 있으며 주변이 산으로 둘러싸여 있는 경치가 매우 좋은 곳이다. 계곡을 끼고 있는 펜션 중에는 정선 도원 펜션이라는 펜션이 있는데, 그만큼 멋진 경치를 가진 곳이다.

양양 초록 수채화 펜션은 목조건물 형태로 총 2동으로 나뉜 7개의 객실이 있고

1개의 다목적 별관, 수영장, 이벤트 공간이 있다. 물론 창업 당시에는 이런 형태가 아니었다.

9년 전 초창기 때는 유럽형 목조건물이 전부였으며, 평범한 느낌의 펜션이었다. 펜션 사업이 막 붐이 일어났을 때 많이 만들어진 1세대 펜션이다.

● 과거 초록 수채화 펜션. 1세대 펜션의 전형적인 모습

초록 수채화 펜션은 창업 직후부터 약 2~3년 동안은 매우 영업이 잘 되었지만, 펜션이 위치한 법수치 일대에도 펜션 사업 열풍이 불어 많은 경쟁 펜션들이 생겨나기 시작했다. 당시 법수치계곡 인근뿐만이 아니라 양양 전 지역에 걸쳐 수많은 펜션이 생겨났다.

초록 수채화 펜션 사장은 주변에 새로 만들어지는 펜션보다 뒤처질 수도 있다는 생각이 늘어 좀 더 특색 있는 펜션으로 거듭나기 위해서 많은 노력을 했다. 대부분 이와 같은 위기를 느낀 후에는 보통 객실 인테리어를 통해 펜션을 업그레이드한다. 스파를 넣거나 풀빌라로 만들거나 객실의 내부를 꾸미는 것을 먼저 생각하게 된다. 하지만 초록 수채화 펜션은 달랐다. 가장 먼저 신경을 쓴 것은 객실이 아니라 부대시설이었다. 그 이유는 펜션의 불리한 위치를 극복하기 위해서였다.

사실 초록 수채화 펜션의 진짜 경쟁 상대는 같은 마을 법수치계곡에 있는 펜션들이 아니었다. 바로 양양 바닷가 앞의 펜션들이었다. 양양 지역에서 인기가 있는 펜션들은 대부분 바닷가에 자리한 펜션들이었는데, 그런 펜션들은 화려한 수준이 아님에도 바다를 보기 위해 몰리는 여행자들 때문에 모객이 어렵지 않았다. 하지만 초록 수채화 펜션은 권역으로 따졌을 땐 강원도 양양에 위치한 곳이지만, 바닷가 인근이 아닌 산속에 자리 잡고 있어서 상대적으로 모객에 불리한 위치였다. 물론 이러한 위치가 단점만 있는 것은 아니다. 펜션이 산속에 자리 잡고 있기에 숲과 계곡을 이용해 잘 연출할 수만 있다면 분명히 현재 위치도 장점이 될 수도 있다고 판단했다. 이를테면 일반적으로 캠핑은 휑한 바닷가보다는 운치 있는 산속에서 할 때 더 멋진 분위기를 연출할 수 있다. 물론 바닷가 앞이나 넓은 벌판과 같은 캠핑장에서 텐트를 치는 경우도 있지만, 산속에서 하는 캠핑과는 분위기가 많이 다르다. 그래서 초록 수채화 펜션은 펜션 부지 한쪽에 나무 데크를 깔고 예쁜 텐트와 조명, 영화를 볼 수 있는 작은 프로젝터, 그리고 각종 소품을 채웠다.

보통 펜션은 바비큐장이라고 하는 공간이 있다. 바비큐장에서 숯을 피우며 둘러앉아 바비큐를 해 먹는 것도 좋지만 나만의 캠핑장이 바비큐장이라면 더욱 멋진 시간을 보낼 수 있다. 초록 수채화 펜션은 따뜻한 객실과 캠핑 2가지를 한 번에 즐길 수 있다는 장점 때문에 많은 여행자를 모을 수 있게 되었다. 물론 이런 시설은 잘 연출해서 모든 광고 채널을 통해 잘 노출시켰다(단, 캠핑장은 투숙객들이 오랜시간 동안 사용할 수 있지만, 안전사고 등의 이유로 잠은 텐트 안에서 잘 수 없도록 규칙을 정했다).

● 초록 수채화 캠핑장 사진

물론 부대 시설뿐만 아니라 객실 인테리어를 하기 위해서 꽤 많은 고민을 했다. 몇 해 전부터 주변에 풀빌라 형태의 고급 펜션이 만들어지는 것을 보고 풀빌라로 업그레이드를 하는 것을 심각하게 고민했었다. 그리고 고민의 답을 얻기 위해 초록 수채화 사장은 강원도 양양에서 내가 거주하는 인천 부평까지 수차례 찾아와 조언을 듣기도 했다.

풀빌라 펜션은 예약률이 다른 펜션들에 비해서 월등히 높지만, 객실당 업그레이드 비용이 만만치가 않다.

'풀빌라를 할 것인가? 수영장을 만들 것인가?'

이 문제로 초록 수채화 펜션 사장은 나와 자주 만나 함께 고민했고, 결국 풀빌라가 아닌 수영장을 만들기로 했다. 멋진 수영장 하나를 만드는 것이 풀빌라로 업그레이드하는 것보다 더 현명한 투자가 될 수 있다고 판단했다.

수영장은 비 오는 날이나 겨울에도 사용할 수 있도록 온수 풀장으로 만들기로 했는데, 좀 더 투자해서 풀장 전체를 투명한 돔 형태로 덮는 돔 수영장을 만들기로 했다.

비용이 꽤 많이 들어가지만, 객실의 절반을 풀빌라로 만드는 것보다는 훨씬 낮은 투자 비용이 예상되었다.

● 양양 초록 수채화 펜션의 돔 수영장 사진

돔 수영장은 약 한 달 정도의 공사 기간을 거쳐 만들어졌으며, 소비자들의 만족도는 기대했던 것보다 매우 높았다. 멋지고 특이했다.

평소에는 문을 열어서 개방하고 있다가 비나 눈이 오는 날에는 돔을 닫을 수 있다. 그리고 돔 수영장은 성인들도 충분히 즐길 수 있도록 크게 제작되었다. 풀빌라가 프라이버시가 잘 지켜진다는 이유로 인기를 끌고 있지만, 대부분 풀빌라의 풀은 매우 작기 때문에 수영을 즐길 정도는 안 된다. 즐기기 위한 목적이라면 작은 풀빌라보다 초록 수채화가 좀 더 유리한 시설을 갖추게 된 셈이다.

비용 문제 때문에 '10개 객실 중 4~5개 객실만이라도 풀빌라로 만들면 어떨까?' 하고 고민하는 사람들도 많이 있다. 하지만 앞서 쇼룸을 만드는 방법에서 설명한 대로 현명한 투자(공사)를 해야 한다. 보통의 펜션은 성수기와 주말은 열심히 광고를 잘 하면 채울 수 있다. 문제는 비수기 평일인데, 비수기 평일에는 매일 1개의 객실도 채우기가 힘들다. 매일 1개의 객실을 채우는 것도 힘든데, 그 많은 비용을 들여서 여러 개의 화려한 객실을 만드는 것은 현명하지 못한 판단이 될 수 있다. 물론 대출이 없고 투자 자본이 넉넉한 창업자라면 상관없겠지만 말이다.

펜션에 하나의 캠핑장, 카라반, 돔 수영장, 사우나 시설, 카페, 오락실을 만들어 운영한 결과는 매우 만족스러웠다. 날이 매우 쌀쌀해진 가을과 겨울에도 초록 수채화 펜션의 수영장은 매주 주말 모임과 파티가 열리고 있다. 그리고 비수기 평일 매출을 높이기 위해서 초록 수채화 펜션은 1박에 50만 원짜리 상품을 만들어 이 비싼 상품을 사줄 만한 사람들에게 잘 노출하고 있다.

가격경쟁력이 없을 법한 고가의 이벤트 상품이지만 독특한 판매방식 때문에 예약은 끊이지 않고 있으며, 손님들은 평일 1박 50만 원이라는 큰돈을 흔쾌히 지불하고 있다.

초록 수채화 펜션의 평일 이벤트는 오직 한 팀에게만 제공되는 이벤트이며, 비수기 평일에 한 팀이 이 이벤트로 예약을 한다면 다른 투숙객은 받지 않으니 이 큰 펜션을 통째로 이용하게 되는 것이다. 펜션에서 가장 큰 객실, 캠핑장, 카라반, 돔 수영장, 사우나, 오락실, 카페를 모두 한 팀 또는 한 커플만 사용한다(이벤트 기간 중 한정 판매).

## 이벤트 카피

"너를 위해 통째로 빌렸어! 초록 수채화 만수르 이벤트!"
"온수 돔 수영장, 캠핑장, 카라반, 사우나, 바비큐 세트, 오락실, 카페, 객실을 모든 것을 오로지 한 팀에게만 제공합니다!"
"숲속의 작은 리조트 초록 수채화 펜션을 통째로 렌트하세요!"
"펜션 통째로 빌리는 비용 140만 원 → 50만 원으로 할인!!"

평일 이벤트는 한 팀 2~8인 기준에 50만 원으로 월, 화, 수, 목요일에 하루 한 팀을 채우면 4일에 200만 원의 수익을 발생하고 한 달이면 800만 원의 수익을 만들 수 있다. 주말을 제외하고도 비수기에 800만 원의 매출을 올릴 수도 있는 매력적인 객실 판매방식이 아닐 수 없다. 소비자 입장에서 생각해봐도 매력적인 이벤트 상품으로 비친다. 커플이 하룻밤 이벤트로 찾아가는 풀빌라의 1박 요금은 30~50만 원으로 꽤 비싼 편이다. 물론 저렴한 곳도 있지만, 멋진 곳은 대부분 가격이 낮지 않다. 특별한 날 작정하고 돈을 쓰기로 한 소비자는 어떤 곳에서 이벤트를 해야 할지 고민한다. '작은 개인 풀장에서 즐길 것인가? 아니면 돔 수영장, 캠핑장, 사우나, 오락실, 카페, 카라반, 넓은 객실을 나와 애인 단둘만 쓸 것인가?' 선택의 결과는 개인 취향에 따라 나뉘겠지만 캠핑, 오락실, 돔 수영장, 카라반, 이벤트실 등을 모두 다양하게 사용하는 초록 수채화를 선택하는 사람들도 매우 많았다. 그리고 무엇보다 중요한 건 이 펜션을 통째로 나 혼자만 사용할 수 있는 것이 가장 큰 장점이다.

성공적인 펜션 사업을 하려면 막대한 투자보다는 현 사업 구조를 잘 파악한 투자를 해야 하고, 그에 걸맞은 판매방식을 사용해야 한다. 그리고 해당 상품을 사줄 만한 사람들에게 보여줘야 한다.

앞서 소개한 고가의 이벤트 상품은 수백 개의 펜션이 가격 경쟁을 하는 판매사이트에는 노출하지 않고 내 상품에 관심을 가질 수 있는 대상에게만 집중해서 노출시켰다. 20~30대 연령대와 서울, 경기 지역에서만 보이도록 타깃팅해서 페이스북(인스타그램) 광고했으며, 커플 여행 관련 네이버 키워드 광고를 집행했고 홈페이지의 실시간 예약과 객실 소개 공간 등에도 잘 보이도록 노출했다. 그리고 네이버 플레이스 부분에도 펜션을 통째로 이용하는 상품을 노출했으며 네이버 예약에도 통째로 렌트하기 상품을 넣었다. 현재는 리노베이션 공사 후 객실이 9개가 되었는데, 거기에 '펜션 전체 렌트하기'라는 1개의 예약 카테고리를 더 추가해서 노출했다. 계획대로 판매가 잘 된다면 금요일과 주말을 제외하고 비수기 평일에만 800만 원의 이익을 만들 수 있다. 하지만 평일을 채우는 것은 만만치 않으니 그에 따른 광고 투자를 해야 한다. 그래서 800만 원을 온전히 이익이라고 생각하지 않고 그중 4분의 1인 200만 원은 평일 이벤트를 알리는 광고비용으로 책정해서 과감하게 노출했고, 이익은 최대 600만 원으로 책정했다. 이와 같은 상품을 평일에 매일 판매할 수는 없다. 하지만 이처럼 경쟁력 있는 상품을 하나씩 하나씩 늘려간다면 쉽게 흔들리지 않는 단단한 펜션이 되는 지름길이 될 수 있다.

　이처럼 객실 수와 수준에 따른 객실 판매방식은 내가 펜션 운영자들을 컨설팅할 때 가장 기본적으로 설명하는 판매방식이다. 객실 수가 적다면 이익을 남기기 위해서 숙박료를 높여야 한다. 예를 들어 객실 수가 3개밖에 안 되는데 1박 요금이 10만 원이라면 30만 원밖에는 벌 수가 없다. 당연한 이야기지만 30만 원보다 더 큰 이익을 내고 싶다면, 숙박료를 더 높여야 한다. 1박 요금을 30만 원으로 책정하면 90만 원의 이익을 발생시킬 수 있다. 너무나도 당연한 이치다. 하지만 객실 수가 많다면 숙박료를 크게 높이지 않고 가격 경쟁력을 앞세워 많이 팔고 적게 남기는 방식의 판매방식도 가능하다. 하지만 요즘 펜션 객실 판매 사이트를 보면 이러한 기본적인 판매방식을 고려하지 않고 많은 펜션들이 가격 경쟁력을 앞세워 똑같은 방식으로 판매하는 것을 당연하게 생각한다. 소셜커머스나 펜션을 모아놓고 객실을 판매하는 사이트와 같은 곳에 노출을 시키기 위해서는 결국 가격 경쟁력이 있어야 한다. 싸야 한다. 그냥 싸서도 안 된다. 싸고 좋아야 한다. 소셜커머스와 같은 곳에 올려놓고 판매하는 것이 결코 안 좋다는 뜻이 아니다. 객실 수가 많다면 굉장히 좋은 판매방식이 될 수 있지만, 객실 수가 적다면 좋은 판매방식이 아닐 수도 있다는 뜻이다.

　상식적으로 생각했을 때 서울 명동이나 홍대와 같이 많은 사람이 오가는 거리에서는 라면이나 돈가스, 국수와 같이 회전율이 빠른 음식을 판매하는 것이 유리하다. 가게 앞을 지나치는 많은 사람에게 싸게 많이 팔면서 이익을 남길 수 있다. 하지만 사람이 많지 않은 경치 좋고 조용한 휴양지 같은 곳에서 판매 단가가 낮은 국수나 김밥 같은 것을 판매한다면 이익을 남기는 것이 힘들어질 수 있다. 오가는 사람들이 많지 않은 휴양지 같은 곳에서는 백숙이나 닭볶음탕과 같이 객단가가 높은 음식을 판매해서 적게 팔아도 가게 운영이 될 만큼의 이익을 만들어야만 한다. 비싸도 판매가 되는 이유는 모처럼 찾은 휴양지에서 김밥보다는 비싸더라도 특별한 음식을 먹길 원하기 때문이다. 이 단순한 방식을 펜션에 적용하면 펜션 객실을 얼마의 가격에 어디에 판매해야 할지 쉽게 답이 나온다. 펜션의 객실 수가 적다면 어떤 방법으로든 소비자가 이해할 만한 고가의 상품을 만들어야만 펜션이 살아남을 수 있게 된다. 하지만 초록 수채화 펜션만큼 멋진 상품을 만들었다고 해도 상품가격으로 불꽃 튀게 경쟁하는 소셜커머스나 객실 판매 사이트 같은 곳에서는 객실 판매가 쉽지 않다. 이미 낮은 가격에 눈높이가 맞추어진 소비자들의 눈에는 매력적이지 않은 펜션으로 비춰지기 때문이다. 그러니 내 상품을 어디서 판매해야 할지 충분히 인지하고 광고를 해야 한다.

● (前)초록 수채화 펜션의 실내 바비큐장

　　초록 수채화 펜션은 돔 수영장 외에 통나무로 만들어진 카페도 큰 변화를 주었다. 이 카페는 비 오는 날에는 실내 바비큐장으로도 이용되는 곳이다. 메인 건물과 조금 떨어진 분위기 좋은 공간으로, 저녁에는 객실과 멀리 떨어진 이곳에서 맥주 한잔 마시며 큰 소리로 떠들어도 투숙객들에게 방해되는 일이 없다.

　　하지만 카페(실내 바비큐장)가 만들어진 취지는 매우 좋지만, 손님들의 이용 빈도는 매우 떨어졌다. 이는 초록 수채화 펜션뿐만이 아니라 대부분 펜션의 카페들도 마찬가지로, 활용도와 이용 빈도는 매우 낮다. 펜션 카페는 만들어놓고 나면 결국 창고나 사무실 등으로 이용되는 경우가 허다하다. 이유는 여행자들의 성향에서 찾을 수 있다.

　게스트하우스를 찾는 대다수 여행자의 성향은 개방적이다. 목적이 여행과 사람과의 만남이기 때문에 모르는 사람과 섞여서 공용침실 형태의 방에서 잠을 자고 카페에 나와 모르는 사람들과 여행 정보도 공유하고 함께 맥주도 마시며 소통을 즐긴다. 그렇기 때문에 게스트하우스는 공동의 공간인 카페에 많은 신경을 써서 만들고 관리해야 한다. 활용도가 높기 때문이다.

　반대로 펜션을 찾는 여행자의 성향은 폐쇄적인 성향을 띠는 경우가 많다. 펜션을 찾는 목적이 여행보다는 나만의 공간을 활용하기 위한 목적인 경우가 더 많기 때문이다.

　멋진 공간에서 연인과 둘만의 시간을 보내기 위해 커플 펜션을 찾고, 내 가족 또는 워크숍 등으로 함께 온 멤버들과 시간을 즐기며 독립적인 공간에서 방해받지 않기를 원한다. 이런 이유로 펜션은 게스트하우스에 비해 공동의 공간(카페)은 활용도가 떨어진다. 그러므로 펜션은 카페에 투자하기보다는 폐쇄적인 성향의 여행자들을 만족시켜주기 위한 아이템을 추가하는 것이 좋다. 즉, 프라이버시를 지켜줄 수 있는 장치들이 많으면 많을수록 그들의 만족도는 높아지게 된다.

　이러한 이유를 들어 무용지물이 되어버린 초록 수채화의 카페도 다른 용도로 바꾸기로 했다.

　고민 끝에 만들어진 것은 바로 게임룸(오락실)이었다.

● 오락실을 기억하는 여행자들에게는 매력적인 공간이 될 수 있다.

펜션에서 운영되는 일반적인 카페를 보면 그 안에 테이블이 몇 개 있고 약간의 책, 믹스 커피, 보드게임 몇 개가 전부다. 더 흥미를 끌 만한 것들을 제공하지 못한다면 손님은 카페에 앉아 있는 시간이 지루하다고 느낄 것이다. 그래서 초록 수채화 펜션은 카페에 레트로 게임기를 갖다놓기 시작했다. 닌텐도, 플레이스테이션 등의 최신 가정용 게임기가 아니라 진짜 오락실 게임기를 설치했다. 그리고 축구게임, 다트 등도 설치해서 펜션에 놀러 온 여행자들이 게임을 할 수 있도록 했다. 어렸을 때 오락실 좀 다녀본 사람들에게 이런 공간은 추억을 끄집어내는 좋은 장소가 될 수 있다. 오래 전에는 동네마다 오락실이 있었다. 80년대 후반에서 90년대 초반까지만 해도 전국에 수천 개의 오락실이 있었지만, 지금은 전국에 200개조차도 안 된다. 오락실은 누구나 기억하는 희소성 있는 아이템이 될 수 있다. 옛날 오락실 게임기는 중고가격 1대에 30~50만 원 정도로 10대를 비치하면 약 300~500만 원 정도의 비용이 든다. 펜션 객실에 들어가는 제트 스파의 가격이 1대에 보통 700만 원 하는 것에 비한다면 저렴하지만, 제트 스파보다 더 독특한 아이템이 될 수 있다.

펜션에 카페를 만들어서 보드게임을 비치해본 펜션 사장들은 잘 알겠지만 보드게임을 즐기는 손님들은 많지 않다. 그렇기 때문에 펜션에 어떤 아이템을 집어넣을 때는 주 이용객의 연령대, 남녀비율, 지역 등의 성향을 파악한 후에 설치되어야 한다. 그런 것들을 알 수가 없다면 펜션을 운영하는 지인이나 전문가의 조언을 먼저 듣는 것도 좋다.

여행자들이 원하는 것들은 이제 예전 같지 않다. 주 6일 근무에 휴가 기간도 짧았던 예전에는 가족과 함께 경치 좋은 곳에 놀러 가서 바비큐 한 번 구워 먹는 것만으로도 행복해하며 만족스러웠던 때가 있었다. 하지만 점차 국민소득이 높아지면서 먹고 살기에 바빴던 과거와 달리 질 좋은 여행상품이 쏟아져 나왔고, 소비자는 그런 좋은 여행상품들을 경험하는 빈도수가 높아지게 되었다. 그리고 주 5일 근무에 휴가도 탄력적으로 조절할 수 있는 상황이 되었다. 즉, 잘 먹고 잘 살게 되니 이젠 멀리 떠나서 바비큐를 해 먹고 하룻밤 잠만 자는 것으로는 만족하지 않게 되었다. 수준 높은 객실에서 잠을 자거나 그게 아니라면 여행자가 직접 무언가를 해볼 수 있는 체험 거리가 만들어지는 여행이 더 좋은 여행으로 인식되고 있다. 과거 우리나라의 국민소득이 낮아 못 살던 시절을 떠올리며 펜션을 꾸며서는 절대로 안 된다. 하지만 아쉽게도 아직 그때를 기억히며 그 기준으로 펜션을 창업하는 예비 사장들이 너무나도 많다.

초록 수채화 펜션 사장은 지금의 젊은 여행자들의 취향을 매우 잘 알고 있었으며, 그들이 원하는 것들을 카페에 점점 더 늘려 나아갔다. 오랜 상담을 통해 여행업과 숙박사업에 대해 지식을 쌓은 초록 수채화 펜션 사장은 일찌감치 객실로 경쟁하지 않고 경쟁 펜션이 갖지 못한 즐길 거리에 더 집중했다. 럭셔리 객실을 원하는 소비자들도 있지만, 분명히 체험에 초점을 맞추고 있는 소비자들도 있기 때문이었다. 작은 리조트처럼 펜션을 만들고 싶다고 생각한 그의 생각과 영업 방향은 매출 증가로 이어졌다. 현재 초록 수채화 펜션은 양양 펜션 전체를 기준으로 예약률 최상위에 있는 펜션이며, 여러 펜션 사장들의 부러움을 사는 펜션이 되었다.

● 강원도 양양부터 필자가 거주하는 집 근처 카페까지 찾아와 조언을 듣는 초록 수채화 펜션 사장. 열정이 대단한 분이다.

● 대천 해솔 펜션

## 대천 해솔 펜션 ●

주변 제휴 펜션의 힘으로
대박 난 작은 펜션

> 주변 펜션이
> 경쟁자가 아닌
> 좋은 파트너가 된
> 사례

● 대천 앞바다가 멀리 보이는 언덕에 여러 펜션이 모여 있는 단지가 있다. 그 펜션 단지 안 '대천 해솔 펜션'의 성공 원인은 합리적인 시설 공유다. 이웃 펜션들이 경쟁 상대가 아닌 협업을 통해 좋은 파트너가 될 수 있는 좋은 예를 보여주는 곳이다.

지금의 해솔 펜션 사장이 처음부터 이 펜션을 운영한 것은 아니다. 4년 전에 펜션 건물은 완성해놓았지만 사장 내외는 모두 직업이 있는 상태였고, 펜션 운영에 엄두가 나지 않아 2년 동안 펜션을 임대 내놓고 사실상 관심을 끊고 있었다. 하지만 임대 사업자가 갑자기 임차를 더 이상 연장하지 않게 되어서 갑작스럽게 직접 펜션을 운영하게 된 것이다.

대천 해솔 펜션은 통나무로 만들어진 단 하나의 2층 건물이며, 1층에는 2개의 큰 단체방이 있고, 2층에는 널찍한 2개의 가족형 복층 객실이 있다. 총 객실 수는 4개로 큰 매출을 내기에 부족하지만, 최근에 만들어지고 있는 펜션들에 비한다면 해솔 펜션의 객실은 꽤 큰 편이고 시원시원한 느낌이 드는 곳이다. 특히 1층 단체방은 매우 넓어서 야유회나 워크숍 등으로 이용해도 충분할 정도의 크기다. 하지만 전체적인 느낌은 평범하고 특별함은 느껴지지 않아 소비자를 주목시키기 힘들어 보였다.

● 대천 해솔 펜션

앞서도 여러 번 펜션의 컨셉에 관해서 이야기했지만, 평범한 이미지로는 소비자를 끌어들이기가 무척 어렵다. 더군다나 해솔 펜션은 객실 수가 적기 때문에 큰 매출을 내기 힘들고 이익이 크지 않으니 광고비 예산이 턱없이 부족한 상황이었다. 하지만 이런 펜션도 영업 대상을 정확히 파악해서 홍보한다면 분명히 좋은 결과를 만들 수 있다.

결론부터 말하자면, 대천 해솔 펜션은 2016년 여름 성수기 단 한 달 동안 객실 4개로 약 5,000만 원의 매출을 만들었다. 물론 봄과 가을을 합한 1년 전체의 매출을 모두 합하면 2배 이상의 좋은 매출이 된다. 오직 객실 4개로 만든 결과임을 생각한다면 매우 성공적인 운영이 아닐 수 없다.

전체적인 펜션의 시설을 보면 화려함은 없고 평범함에 더 가까운 펜션이지만, 이곳도 장점은 분명히 있다. 바로 주변 펜션들의 연합관리 공간이다. 큰 수영장과 족구장, 그리고 작은 놀이터를 4개의 펜션이 공동으로 관리한다.

워터파크에나 있을 법한 매우 길고 큰 슬라이드(미끄럼틀)가 있는 펜션은 이 근방에서는 찾아보기 힘든 멋진 시설이다. 이런 좋은 부대시설은

● 일반적인 펜션에서 보기 힘든 공동관리 수영장. 대천 해솔 펜션

모객을 하기 매우 좋은 소재지만, 당시만 해도 홍보의 도구로 잘 이용하지 못하고 있었다.

그저 객실을 멋지게 보이도록 촬영된 사진을 홈페이지 전면에 잘 보이도록 했으며, 홍보가 되는 인터넷 공간에도 오로지 펜션의 외관과 객실 모습을 멋지게 꾸며 보여주는 것이 전부였다. 하지만 앞서 소개한 대로 소비자의 니즈는 다양하다. 모든 소비자가 객실의 퀄리티만

따져서 펜션을 결정하는 것은 아니다. 소비자가 원하는 단 한 가지를 만족시킬 수 있도록 보여주어야 한다. 그래서 해솔 펜션은 종전에 인터넷에서 노출되었던 이미지를 모두 변경하기로 했다. 홈페이지의 메인 화면에 공동으로 사용하는 매우 큰 수영장을 먼저 보여주는 방식으로 변경했고, 인터넷에 노출되는 모든 곳에는 큰 수영장과 워터슬라이드를 해솔 펜션의 것처럼 노출시켰다.

해솔 펜션의 이미지를 떠올리면 큰 수영장이 연상되게 했으며 제대로 된 수영장에서 즐겁게 놀기를 원하는 가족 여행자들에게 노출시켰다. 그리고 족구장, 놀이터 등을 이용해서 행사를 진행해야 하는 기업, 모임 등 단체 여행자들의 입맛을 맞추기 위해 홍보 콘텐츠를 집중시켰다.

● 부대시설을 강조해서 변경한 대천 해솔 펜션 홈페이지

소비자는 그들의 분명한 목적에 의해서 지갑을 연다. 만약 소비자의 목적이 이벤트나 프러포즈 등 로맨틱한 장소가 필요해서 펜션을 선택한다면 대부분 예쁜 펜션을 선택할 것이다. 하지만 다른 그룹의 소비자는 예쁜 객실보다는 가족이나 아이들과의 놀이에 초점을 맞춰서 펜션을 찾아보려는 사람들도 있다. 그렇기에 해솔 펜션은 기존에는 넓고 깨끗한 객실, 바다 전망을 주로 보여주던 것을 변경해서 거대한 수영장을 지속해서 노출하게 된 것이다.

나 역시도 만약 아내와 단둘이 여행을 떠난다면 펜션 선택의 기준을 아내한테 맞추고 여성취향적인 펜션을 선택하겠지만, 아이가 함께 여행한다면 펜션 선택의 기준을 아이가 재미있게 놀 수 있는 펜션으로 선택하려 할 것이다. 내 펜션이 어떤 소비자에게 보여줘야 하는지를 정확하게 알고, 그 소비자층을 선택했다면 그들이 좋아할 것들만 지속해서 보여주어야 한다.

협업(協業). 나는 대천 해솔 펜션이 동급 수준의 펜션들에 비해 더 높은 매출을 올리는 것을 지켜보며 서로 마음만 잘 맞고 양보하는 마음으로 운영할 수만 있다면, 연합관리 펜션이 얼마나 큰 경쟁력을 갖게 될 수 있는지를 다시 한 번 생각하게 되었다.

이번 장에서는 연합 펜션의 장점 소개와, 연합으로 펜션을 건축한다면 어떤 방향으로 만들어져야 할지를 소개해보려고 한다.

펜션 건축 시 지역의 땅값과 건축형태마다 투자 비용은 다르지만, 보통 시골에 펜션을 괜찮게 지으려면 1~2억 원의 땅값이 필요하고 8~10개의 객실을 만드는 데 건축비용으로 3~4억 원의 건축비용이 든다. (아주 기본적인 건물형태의 경우)거기에 더해서 좀 더 넓은 주차장과 적당한 크기의 수영장과 실내 바비큐장을 더 만든다면 추가 토지 매입비와 건축비 1~2억 원 정도가 더 필요할 수도 있다.

이 정도의 펜션이라면 가족 여행자들과 10~20명의 소규모 단체도 모객할 수 있을 것이다. 하지만 친분이 두터운 사람들 4~5명이 모여 건축한다면, 더 큰 규모의 모객이 가능한 펜션이 만들어질 수도 있으며, 매출도 몇 배로 더 키울 수 있다.

지금까지 나는 여러 펜션 창업자들을 만나 보았다. 그중 친분이 두터운 사람들이 모여 함께 토지를 매입하고 그 땅을 정확히 나누어 각자의 펜션을 짓고 각자 펜션 운영하는 분들도 많이 봤다.

친분이 두터운 사람이 모여 전원생활을 즐기며 펜션이라는 각자의 사업을 하는 것도 참 멋진 라이프스타일이 아닐까 생각된다. 하지만 마음이 맞는 사람들 4~5명이 같은 지역에 모여 단순히 건물을 짓고 땅과 펜션을 소유한다는 단순한 상식을 넘어 더 많은 매출을 올리는 펜션을 만들고자 한다면 건축형태는 달라져야 한다. 바로 앞서 소개한 해솔 펜션과 같은 공동의 관리 공간이 잘 만들어져야 한다.

개인의 펜션 부지를 조금 더 늘리고 수영장이나 주차장, 실내 바비큐장 등을 만드는 데 필요한 비용이 1억 원이라고 가정하자. 1억 원으로 몇 가지 부대시설을 만들 수는 있지만, 멋지고 큰 시설은 만들지 못한다. 하지만 만약 5명이 각각 1억 원씩 총 5억 원의 돈을 투자해서 부대시설을 만든다면 작은 부대시설들이 아닌 큰 수영장과 운동장, 강당(실내 연회장), 더 큰 주차장 등을 만들 수 있다. 제대로 된 부대시설을 만들 수 있다면 가족 여행과 같은 소규모 그룹만 받는 것이 아니라 대규모 워크숍과 수련회, 야유회 등 더 큰 매출을 올릴 수 있는 그룹을 모객할 수 있게 된다.

## 공동관리 공간으로 사용되는 부대시설

- 주차장(버스 주차 가능 공간)
- 운동장
- 수영장
- 찜질방
- 강당
- 놀이시설을 포함한 카페
- 식당

하지만 아쉽게도 공동운영관리가 잘 되는 펜션은 앞서 소개한 대천 해솔 펜션 외에 좋은 사례는 그리 많이 보지는 못했다. 그 이유는 투자자들이 서로 모르는 상태에서 투자 설명회나 광고를 통해 모인 사람들로 구성되어 운영되기 때문이다. 목적과 방향, 이해의 폭이 좁아서 그런 경우는 발전적인 관계가 지속되기 어려운 부분이 많다. 하지만 그러한 취지는 매우 좋기 때문에 연금형 실버타운, 연금 펜션 등의 공동 투자 펜션 단지는 계속 만들어지고 있다. 이런 사업이 가장 활성화가 된 곳이 제주도이며, 앞으로 이런 형태의 비즈니스는 전국적으로 더 활성화될 것이라고 생각한다.

● 태안 펜션 H(前 꼭두서니빛 펜션)

# 태안 펜션 H ●

상호명을 바꿔
더 높은 매출을 만든 펜션

"

펜션의 이름은
컨셉의 시작이다

"

● 지인들이 나에게 이런 질문을 한다.

"왜 쉬운 펜션을 컨설팅하지 않고 매번 어려운 펜션만 골라서 컨설팅하십니까?"

나라고 왜 어려운 의뢰를 좋아하겠는가. 경영이 힘들기 때문에 전문가를 찾는 것인데, 그분들의 의뢰를 외면할 수는 없는 노릇이다. 하지만 모든 펜션이 전문가의 컨설팅을 받는다고 해서 대박 펜션이 되는 건 아니다. 전문가가 뒤에서 살짝만 밀어주면 앞으로 쭉쭉 나아갈 수 있는 펜션이 있는가 하면, 아무리 밀어도 나아가지 못하는 펜션도 분명히 있다.

나는 이 분야에서 오랫동안 컨설팅을 해왔고 심각한 위기의 펜션도 여럿 살렸던 경험이 있지만, 이번 장에서 소개하는 펜션은 당시에 정말 심각한 위기였다. 솔직히 나로서도 별로 자신이 없었다.

당시 나에게 컨설팅을 의뢰한 펜션의 상황은 다음과 같다. 컨설팅을 받기 전 펜션의 이름은 '꼭두서니빛 펜션'이었다. 어떤 뜻이 있는지는 모르겠으나, 일반적인 사람들이 인지하기 힘들고 발음도 어려운 이름이다. 그리고 이 펜션은 펜션 단지나 여행자들의 길목이 아닌 시골집이 들어서야 할 땅에 덩그러니 있는 건물이다. 태안 펜션임에도 소비자들의 기대와는 달리 바닷가와 거리는 꽤 먼 편이다. 펜션의 형태는 전형적인 1세대 펜션으로 객실은 총 5개. 그중 1개의 객실은 복층 형태였고, 나머지는 원룸 형태다. 객실은 깔끔하게 잘 관리되었지만, 주변 경쟁 펜션을 뛰어넘을 만한 매력적인 모습은 전혀 보이지 않는 평범한 곳이다.

이 펜션은 7년 전 창업 직후에는 영업이 좀 되는가 싶더니 운영한 지 1년 정도가 지나 매출은 급감했고, 그 이후 한 달에 2~3팀 밖에 못 받는 날이 점차 많아졌다. 매우 심각한 상황이었다. 펜션 사장은 이 상황을 벗어나고자 당시 막 붐이 일던 소셜커머스를 진행했고, 큰 매출은 아니지만 소셜커머스의 힘으로 한 달 정도 펜션을 살 운영할 수 있었다. 하지만 잘 선택한 광고방법이라 믿었던 소셜커머스로 인해 전보다 더 큰 위기를 맞게 되었다.

먼저 앞서 초록 수채화 펜션 사례에서 설명한 대로 소셜커머스와 제휴해서 이익을 볼 수 있는 펜션은 객실이 많아야 한다. 즉, 박리다매

식 판매가 가능한 곳이어야 한다.

　소셜커머스 회사는 소비자들에게 더 좋은 가격을 제시하기 위해서 노력한다. 그래서 소셜커머스 회사는 펜션과 제휴 계약 시 일반적인 객실 판매가보다 좀 더 낮은 할인가로 판매하도록 제안하기도 한다. 타 펜션 판매 업체들보다 가격경쟁력에 우위에 서기 위해서다(물론 판매자의 자유의사로 가격은 결정할 수 있다). 그렇기 때문에 객실 수가 적은 펜션은 낮아진 판매가와 판매 수수료를 소셜커머스 회사에 주고 나면 사실 큰 이익을 남기기 어렵다. 객실 수가 많은 펜션의 경우는 낮은 금액의 객실을 싸게 많이 판매할 수 있으니 소셜커머스와의 제휴가 유리하다. 하지만 태안의 이 펜션은 작은 객실 5개밖에 없음에도 소셜커머스를 진행했고 매출에서 수수료를 제외하니 큰 이득은 얻지 못했다. 하지만 문제는 매출이 아니라 다른 곳에서 터져나왔다. 고객의 불만사항이 더 큰 문제였다. 소셜커머스에서 펜션 상품을 찾아보는 사람들의 구매 기준은 가격이 우선이다. 그리고 펜션 사장이 상대해야 할 고객은 인터넷을 쥐 잡듯이 뒤져서 자신이 원하는 상품을 찾고 또 찾는 사람들이기 때문에 매우 까다로운 고객이라고 생각하고 상대해야 한다.

　하지만 당시 펜션 사장은 그것을 인지하지 못하고 있었다. 소셜커머스로 인해 갑작스럽게 손님들이 밀려들었고 손님 하나하나 제대로 신경을 쓰지 못하니 서비스 부분에서 불만사항이 터져 나왔다. 하지만 당시 펜션 사장은 손님의 불만사항에 제대로 대처하지 못했다. 고객이 실망할 만한 미흡한 부분이 있더라도 프로다운 접객으로 손님을 안심시키며 불만사항을 무마시킬 수도 있었으나, 당시 펜션 사장은 소셜커머스를 통해 온 손님은 제값을 안 주고 펜션에 온 손님이라 생각하고 그들을 대했다. 잘못 접대했다기보다는 그들에게 무심했다. 펜션 업주의 입장에서 보면 정상가보다 반값이나 싸게 온 여행객들이 그리 달갑지는 않았을 것이다. 하지만 그들은 온 인터넷을 다 뒤져서 할인 펜션을 찾은 매우 꼼꼼하고 까다로운 고객이다. 사실 그들은 일반손님보다 더 신경을 써야 한다. 하지만 펜션 사장은 이런 손님들을 경험해보지 못했기 때문에 접객을 제대로 하지 못했고 고객과 다툼도 자주 있었다. 결국, 인터넷 곳곳에 펜션에 대한 악성 댓글이 넘쳐났고 펜션은 여름 성수기 주말에 반도 못 채울 정도의 펜션이 되어버렸다. 결국, 한 달에 2~3건 예약이 이루어지는 심각한 상태에 이르렀다.

## (前 꼭두서니빛 펜션) 사장과의 첫 상담

앞서 설명한 이유로 위기를 느낀 펜션 사장은 우연한 기회에 내가 오래전에 집필한 펜션 관련 책을 읽고 나에게 연락해왔다. 당시 나는 그분과의 첫 만남이 그리 유쾌하지 않았는데, 처음 마주한 펜션 사장의 얼굴에는 근심과 불신이 가득했고, 나를 맞이하는 분위기도 그리 밝지 않았다.

그분은 펜션 사업의 오랜 침체로 지칠 대로 지쳤고 그동안 안 좋은 사람들을 만나 큰 손해를 보는 일도 여러 번 있었다고 했다. 그런 이유로 나를 대하는 모습도 굉장히 조심스러워 보였다. 그분의 입장을 충분히 이해할 수 있었지만, 먼길까지 찾아온 나를 밝게 맞이해주지 않는 모습에 조금은 아쉬운 마음도 들었다.

　사실 컨설팅에 가장 중요한 것은 할 수 있다는 자신감과 믿음이다. 멘티가 멘토를 신뢰하지 않고 지속적으로 자신감을 잃은 말과 행동을 하고 반대의 이견을 내놓는다면 코칭을 하는 사람의 기운도 처지게 된다. 그렇게 되면 제대로 된 컨설팅을 할 수가 없다. 그래서 멘티와 멘토의 관계는 굉장히 친밀해야 하며 신뢰가 두터워야 한다. 그래야 최선의 결과물을 만들 수 있다.

　당시 자신감이 많이 떨어진 펜션 사장은 내가 가진 모든 펜션 홍보의 기술과 노하우를 전달해줘도 의욕이 없어 나를 잘 따라와 주지 않을 것 같았다. 그래서 교육보다는 먼저 신뢰를 쌓고 자신감을 올리는 것이 우선이라고 생각했다. 당시 그 자리에는 태안에 친구를 만날 겸 나를 따라왔던 아내도 함께 있었는데 그때 분위기를 보고 컨설팅을 만류할 정도였다.

　계획대로라면 나는 상담 후 바로 서울로 돌아갈 생각이었지만, 예정에 없던 시간을 만들기로 했다. 펜션 사장과 소주 한잔을 하기로 마음먹고 근처 마트에 가서 소주와 바비큐를 할 고기를 잔뜩 구입해서 펜션으로 돌아왔다. 그리고 매우 긴 이야기를 나누게 되었다.

● (前 꼭두서니빛 펜션) 사장과의 첫 상담

한참 동안 그분의 이야기를 듣고, 질문하고, 공감하며 술을 한 잔, 두 잔 더 마시게 되니 이야기가 더 깊어졌다. 그동안 얼마나 힘든 일이 있었는지 일 얘기부터 시작해서 사적인 이야기까지도 나누게 되었다. 이야기를 들어보니 정말 문제들이 너무나도 많았다. 그래서 나는 완전히 다시 시작해보는 것은 어떤지 제안했고, 대화를 나누면서 내가 어떤 사람인지 파악한 펜션 사장은 흔쾌히 나의 제안을 따르기로 했다.

먼저 펜션 이름을 바꾸기로 했는데, 가장 큰 이유는 악성 댓글 때문이었다. 그 펜션은 지금까지 내가 본 펜션 중에서 가장 많은 악성 댓글이 달린 펜션이었다. 이런 상태라면 아무리 비싼 광고를 집행해도 노출만 될뿐, 예약으로 이루어지지는 않는다. 그래서 펜션의 상호를 바꾸기로 했다. '꼭두서니빛 펜션'이라는 이전 이름은 외우기도 힘들고 발음하기도 힘들었으며 노출도 잘 안 되는 이름이었다.

그리고 평범한 이미지의 펜션이었기 때문에 화려한 이름은 어울리지 않는다. 그렇기 때문에 펜션과 매칭이 잘 되는 편안한 이름으로 선택하되, 검색이 잘 되는 이름으로 만들게 되었다.

결국, 나는 '태안 펜션 H'로 펜션 상호를 지어주었고, 앞으로 인터넷에 노출되는 모든 콘텐츠는 이 이름으로 변경하고 등록하기로 했다.

펜션의 이름에 '지역명'과 '펜션'이라는 단어가 속해 있어서 광고하지 않아도 인터넷 곳곳에서 검색이 될 가능성이 커졌으며 더욱 쉬워진 이름으로 인해 홍보작업을 할 때 펜션의 이미지 전달이 더 쉬워졌다.

이렇게 바뀐 이름은 당시 다음과 네이버의 사이트 부분 최상단에서 오랜 시간 머물러 있었다. 지금은 네이버의 검색 결과 화면이 바뀌어 전과 같은 상황은 만들어지지 않지만, 당시 이 방법으로 인해 '태안 펜션 H'는 매달 백여 만 원 이상의 광고비를 버는 것과 같은 효과를 보고 있었다.

펜션의 홈페이지는 '태안 펜션 H'라는 이름에 어울릴 만한 컨셉으로 편안한 느낌으로 만들어졌으며, 기본적으로 사장이 작업해야 하는 광고와 홍보 부분은 나에게 직접 교육을 받아 처음부터 다시 시작하게 되었다.

화려한 컨셉만이 소비자들을 주목시키는 것은 아니다. 많은 사람이 멋지고 화려한 것을 좋아하겠지만, 그렇다고 모든 사람이 그런 것은 아니다. 소박하고 편안하고 차분한 느낌의 펜션을 원하는 사람들도 있다. 그렇다면 그런 컨셉을 원하는 사람들에게 매우 적극적으로 알려야 한다. 다시 말하자면 소박한 느낌을 집요하게 알리는 것이다.

원래 현재의 펜션 자리는 펜션 사업을 하기 위한 목적으로 구입한 땅이 아니었다. 펜션 사장이 전원주택을 만들 계획이었던 땅이었기 때문에 인기 있는 펜션의 입지조건과 거리가 멀었다. 펜션 H는 가족 여행을 컨셉으로 잡았는데, 평소 나는 컨셉을 만들 때 가족 펜션이 되기 위한 목표를 잡고 컨설팅을 한 적이 거의 없다. 하지만 H는 예외였다. 여러 소비자 그룹 중에 가족 여행 그룹이라도 잡지 못한다면 H 펜션이 모객할 수 있는 영업 대상(소비자층)은 없다고 판단했다. 결국, 가족 여행에 특화된 펜션으로 보이기 위해서 조용한 시골집 같은 아담한 펜션으로 알리기 시작했다.

여러 가지 방법 중 가장 유효했던 홍보방법은 '태안 펜션 H'을 중심으로 소개한 주변 여행지였다. 여행지들은 모두 아이들이 좋아할 만한 곳들을 집중해서 소개했다. 아이들과 함께 여행하거나 체험할 곳이 펜션에서 얼마나 가까이에 있는지를 알렸으며, 그러한 여행지를 소개할 때는 매우 디테일하게 소개했다.

펜션 측에서 업데이트하는 모든 글은 아이가 있는 부모(엄마)가 구독자라고 가정하고 부모가 만족할 정보와 문체로 작성되었다. 즉, 아이들의 관심을 끌 만한 콘텐츠(사진, 글, 동영상)를 집중해서 올린 것이다.

펜션을 노출할 때, 커플 펜션은 여성 취향적 펜션에 초점을 맞추고, 단체 펜션은 원활한 행사 진행 여부에 초점을 맞춘다. 그리고 가족 펜션은 아이에게 초점을 맞추어 펜션과 여행지를 소개해야 한다.

---

## 요약

- 충청남도 태안을 여행할 때 아이들이 가장 좋아하는 장소는 A, B, C가 있다.
- 이 A, B, C 여행지는 'H'에서 몇 분 거리에 있다.
- 아담하고 조용한 펜션은 아이가 있는 가족이 편하게 머물기 가장 좋은 펜션이다.

---

시간이 흘러 광고, 블로그와 모바일 SNS에 노출한 글들이 점차 소비자들에게 눈에 띄기 시작하면서 소비자의 반응이 오기 시작했다.

평일 예약률을 높이기 위해서 사용한 광고는 모바일 SNS 광고를 주로 했다. 적은 객실 수 때문에 매출 또한 적다. 옆집 따라 한다고 비싼 광고를 했다가는 수익보다 광고 지출이 커지는 상황이 될 수도 있으니 다른 방법을 써야만 했다. 그래서 노출 대비 비용이 낮은 페이스북 광고를 통해 평일 이벤트를 지속해서 알렸고, 예약률이 점차 높아지면서 상대적으로 비싼 네이버 키워드 광고 비율을 점차 낮추게 되었다.

결국 컨설팅을 받은 그해에는 여름 성수기 한 달 동안 만든 매출이 전년도 전체 매출보다도 높아졌으며, 펜션 이름이 바뀐 그해에는 약 7,000만 원의 매출을 단 5개의 작은 객실만으로 만들게 되었다.

꼭두서니빛 펜션이라는 이름으로 운영될 때는 한 해 매출이 500~700만 원 정도로 최악의 운영상태를 보였던 곳이 약 10배에 가까운 매출을 만들게 되었다.

당시 '태안 펜션 H' 사장은 나에게 이런 이야기를 한 적이 있다.

"이전에는 우리 펜션이 너무 작고 별 볼 일이 없었기 때문에 주변 펜션 사장들은 내 펜션을 경쟁 상대라고 생각하지도 않았을뿐더러 내 펜션에 전혀 관심을 두지 않았습니다. 힘이 없다고 느껴지더군요. 그래서인지 모임 등에서 지역 사회 발전을 위해서 아이디어를 내도 약간은 무시받는 듯한 느낌도 받았었죠. 참 많이 속상했었습니다. 하지만 지금은 분위기가 완전히 바뀌었습니다. 갑자기 눈에 띄게 많은 여행객이 찾아오고 인터넷에서도 좋은 글들이 많이 보이니까 주변의 펜션 사장들이 제 펜션에 자주 찾아옵니다. 어떤 방법으로 광고했는지를 묻고, 같이 연합해서 광고하면 어떤지를 묻는 사람들이 많아졌죠. 하지만 당시 저는 펜션 사장들에게 컨설팅을 받았다고 이야기하지 않았습니다. 마치 제 경쟁자가 생길 것만 같은 두려움 때문이었죠. 하지만 지금은 생각이 많이 바뀌었습니다. 저는 분명히 김 선생님한테 지금까지 너무나도 큰 도움을 받았습니다. 이젠 제가 먼저 김 선생님을 찾아가 보라고 권합니다. 경제적 여유와 마음의 여유까지 다시 생긴 겁니다. 전에는 뭘 해도 불안했거든요. 고맙습니다."

이런 말까지 들으니 나에게 이보다 더 값진 보상은 없다고 생각한다. 참 뿌듯하다. 회생할 수 없을 거라고 생각했던 펜션이 주변에서 장사가 가장 잘되는 펜션이 된 것이다.

태안 펜션 H는 그 후 몇 년간 운영이 매우 잘 되었지만, 지금의 'H'는 아쉽게도 전과 같이 좋은 매출을 올리고 있는 상황이 아니다. 펜션 사장의 연세가 있으신데 최근 몇 년간은 두 분의 건강이 예전 같지 않아서 적극적으로 펜션 운영을 할 수가 없었다. 이후 펜션의 문을 열었다 닫기를 반복했고, 지금은 자녀들과 함께 생활하기 위해 펜션 매각을 준비하고 있다.

나는 지금도 이 펜션이 기사회생한 이유는 불만사항이 가득했던 상호를 과감히 버리고 이름을 바꾼 것이 가장 유효했다고 생각한다. 바뀐 이름은 펜션의 이미지를 잘 나타내었고, 노출이 잘 되었다.

상호명은 컨셉의 시작이다. 멋진 발음과 뜻만 기준으로 이름을 짓는다면 아름다운 이름은 수도 없이 많이 나온다. 하지만 현재 펜션 비즈니스는 인터넷을 기준으로 해야 한다. 쉽게 기억에 남고 유리한 검색 결과에 반영되는 이름이 좋은 이름이라고 할 수 있다. 그런 의미에서 꼭두서니빛 펜션이라는 단어가 아무리 좋은 의미를 담고 있다고 해도 펜션의 이미지를 잘 전달하지도 못하고, 검색 결과에 불리하기 때문에 좋은 이름은 아니라고 할 수 있다.

꼭두서니빛에서 '태안 펜션 H'로 이름을 바꾼 후에는 네이버와 다음 검색창에 '태안 펜션'만 검색해도 항상 상단에 노출이 되었다. 광고를 하지 않았음에도 가능했다. 지금은 네이버가 검색 결과 화면을 변경하면서 이런 경우는 일어나지 않는다. 이름으로 첫 페이지 노출이 힘들 수는 있지만, 그래도 아직까지 사람들이 많이 검색하는 단어가 포함되는 이름(키워드)이 좀 더 노출에 유리하다.

인천에 작은 섬 측도라는 곳이 있다. 그 섬 안에는 약 10개 정도의 펜션이 운영되고 있는데 가장 영업이 잘 되는 펜션의 이름은 바로 '측도 펜션'이다.

일반적으로 여행 숙소를 알아볼 때 '지역+펜션' 또는 '지역+호텔'이라고 검색한다. 태안의 펜션으로 여행을 간다면 '태안 펜션'이라고 검색해보고, 강화도 쪽으로 여행을 떠난다면 '강화도 펜션'으로 검색을 한다. 그래서 지역명이 섞여 있는 이름은 검색에 매우 유리한 이름이라고 할 수 있다. 하지만 네이버는 이제 이처럼 지역명이 섞인 이름은 쉽게 등록을 허락해주지 않는다. 그렇기 때문에 예전과 같이 지역명이 포함된 이름이 아닌 일반적으로 많이 사용되며 독특함을 전달하는 단어를 포함하는 것이 좋다.

필리핀 보라카이에 '오바마 그릴'이라는 식당이 있다. 이런 이름은 쉽게 눈에 띄고 인터넷에서도 자주 조회되는 단어가 속한 이름이다. 이런 방법으로 이름을 짓는다면 유리한 이름들은 셀 수도 없이 많이 만들수 있다. 만약 주변에 유명한 스카이워크가 있는 펜션이라면 '스카이워크 펜션'이라고 짓는 것이 유리하고, 고급스러운 이미지의 펜션으로 운영한다면 '허니문 펜션'이라고 짓는다면 노출에 더욱 유리해진다.

이러한 이름 짓기는 실제 사례에서도 쉽게 찾아볼 수 있다. 강원도 정선에는 레일바이크가 매우 유명해서 정선 여행을 준비하는 사람들이라면 '정선 레일바이크'를 네이버 검색창에 많이 검색한다. 그런데 실제로 펜션의 이름을 '레일바이크 펜션'으로 등록해서 검색 시 노출에 매우 유리해진 펜션도 있다. 실제로 '정선 레일바이크' 또는 '레일바이크 인근' 등의 키워드를 네이버 검색창에 검색했을 때 앞서 소개한 '레일바이크 펜션'이 자주 노출되는 것을 확인할 수 있다. 하지만 이처럼 검색에 유리한 이름만 믿고 펜션을 운영하기엔 한계가 있다. 이러한 상호명 등록은 펜션 영업에 도움이 되지만, 전체의 영업에 막대한 영향을 미치는 것은 아니기 때문이다.

얼마 전 건물 전체가 나무로 만들어진 펜션의 이름을 지어준 일이 있다. 펜션은 꽤 규모가 있고 투자금도 적지 않게 들어간 곳이지만, 나무로 만들어진 펜션은 화려한 풀빌라나 스파 펜션의 이미지에 눌려 기를 펴지 못한다. 그래서 여러 이름을 생각하던 중 펜션의 이미지를 잘 나타내줄 수 있는 '목수의 집'이라는 이름을 지어드렸던 일이 있다. 펜션 사장이 직접 목수 일도 하고 자연소재의 건축물에 매우 관심이 많은 분이다. 펜션 사장이 화려함을 버리고 자연 친화적인 나무 펜션을 만든 이유를 소비자들에게 잘 전달해줄 수 있다면 결국 소비자들이 '목수의 집 펜션'에 왜 가야 하는지를 이해시키기가 쉬워지게 된다.

화려하고 아름다운 단어를 펜션의 이름으로 사용하기 전에 과연 그 이름이 내 펜션을 잘 나타내줄 수 있는 이름인지 고민하고 상호를 만들어야 한다.

펜션의 이름은 컨셉의 시작이다.

● 필자가 직접 운영한 태안의 M펜션 외관

## 태안 M펜션 ●

영업 대상을 명확하게 한 후
단체 펜션으로
큰 매출을 올린 펜션

**"**

필자가
직접 운영한
단체 펜션

**"**

● 나는 오랫동안 숙박사업과 여행사업에 대해 강의를 하고 마케팅에 관한 글을 쓰고 있다. 나는 나름 이와 같은 사업에 다양한 지식과 경험을 쌓았다고 자부하지만, 실전과 이론의 갭은 분명히 있다. 그래서 나는 펜션 사장이 되었다. 오랜 경험으로 쌓은 펜션 홍보방법이 실전에서 얼마나 유용하게 쓰일 수 있을지 테스트해보는 중요한 시간이 되었고, 펜션 사징이 되어야만 알 수 있는 것들을 경험했다. 컨설턴트로서 펜션 사장의 고충을 더 깊게 이해할 수 있는 계기가 된 좋은 시간이었다.

내가 태안 M펜션을 운영하기 이전의

M펜션 매출은 매우 안 좋은 상황이었다. 물론 운영상태도 엉망이었다. 바닷가 바로 앞에 위치해 있어서 장점은 있었지만, 오래된 콘도처럼 보이는 낡고 평범한 건물은 경쟁력이 없었다.

객실은 총 12개, 1층에는 테이블이 7개가 있는 카페, 그리고 건물 뒤편에는 주차장이 있다. 12개 객실 크기는 다양해서 소규모부터 대규모 여행 그룹을 수용할 수 있고 투숙객을 모두 채운다면 약 100명 정도까지는 수용 가능한 규모다. 작지 않은 규모였기 때문에 펜션 관리를 위한 직원 월급, 아르바이트 비용, 각종 세금 등을 포함한 관리비가 꽤 들어가는 곳이다. 하지만 내가 운영권을 넘겨받기 전까지는 계속 마이너스 상태가 오랫동안 유지되고 있었다. 영업이 쉽지 않은 펜션이었지만, 나는 자신에 차서 펜션을 운영해보기로 했다.

먼저, 펜션의 컨셉을 정하고 그 컨셉을 이해하고 좋아해줄 영업 대상을 선정하는 일부터 시작했다.

펜션은 오래되었고 세련되지 않은 형태였기 때문에 커플 여행자들은 일찌감치 영업 대상에서 제외하기로 했다. 영업 대상으로 생각해야 할 그룹이 가족 여행자들과 단체 여행자들 밖에 남지 않았다. 하지만 이미 눈이 많이 높아진 가족 여행자 그룹도 여름 성수기 외에는 모객이 그리 호락호락할 것 같지는 않았다. 그래서 영업 대상을 더 좁혔다.

M펜션은 주변의 화려한 펜션들에 비교한다면 내세울 만한 장점은 많지 않다. 하지만 주변에 규모가 큰 펜션이 상대적으로 많지 않았기 때문에 이 점을 전면에 내세우기로 했다. 그리고 앞서 사례로 소개한 홍천 '구름 속의 산책 펜션'과 같이 단체 여행 그룹이 내 펜션을 선택해

야만 하는 이유를 만들어내기 시작했다. 즉, 회사의 김 대리(행사를 진행해야 하는 담당자)에게 잘 보이기 위한 작전을 실행하기 시작했다.

이전의 M펜션 홈페이지는 주변의 경쟁 펜션들과 다를 것 없이 객실 사진 몇 장 잘 찍어서 올리고 객실 가격과 주변 관광지, 안내 글 등을 소개하는 것이 전부였다. 더군다나 홈페이지는 오래전에 만들어진 것이어서 전혀 매력적으로 보이지 않았다. 펜션 영업에 1순위는 인터넷 노출이다. 인터넷 노출에 가장 큰 영향을 미치는 홈페이지는 가장 먼저 신경 써야 할 부분이다. 그래서 나는 M펜션의 운영을 시작하자마자 홈페이지를 가장 먼저 변경했다.

홈페이지의 가장 전면에 나오는 사진은 펜션 건물이 아닌, 단체 여행자들이 즐기는 사진들로 채워놓았다. 세미나실이나 운동장에 모여서 할 수 있는 단체 게임들을 소개하고 결정적으로 홈페이지의 전면에는 단체 여행자들이 즐길 수 있는 패키지를 소개했다. 여행을 준비하고 행사를 진행해야 하는 담당자의 부담을 펜션에서 덜어주는 식사 패키지였다.

식사가 제공되는 패키지는 A, B, C, D로 나뉘어 소개했다.

## 필자가 운영했던 태안 M펜션의 페키지

A 패키지 : 숙박+저녁식사(고급 바비큐)+아침식사
B 패키지 : 숙박+저녁식사(일반 바비큐)+아침식사
C 패키지 : 숙박+저녁식사(일반 바비큐)
D 패키지 : 당일 야유회 패키지(점심식사 또는 저녁식사).

단체 펜션은 홈페이지가 예쁘게 보이도록 노력하기보다는 '김 대리'의 손을 편하게 해주기 위해서 펜션에서 할 수 있는 즐길 거리를 잘 소개하는 것이 모객에 유리하다.

일반적으로 커플 여행자들은 객실에서 보내는 시간이 많지만, 단체 여행자들은 행사 진행을 위해 외부의 즐길 거리를 더 찾기 때문이다. 당시 내가 운영한 M펜션 홈페이지에는 여러 상황에 따른 '건배사'까지 홈페이지에 소개해놓을 정도였으니, 행사를 진행해야 하는 임무를 맡은 담당자는 행사 진행에 도움이 되는 M펜션을 발견하곤 꽤 반가웠을 것이다.

사실 태안 M펜션이 가족 여행 중심의 펜션에서 단체 펜션으로 이미지를 전환한 이유는 세련되지 않은 펜션의 시설 때문만은 아니다. 단체 펜션으로 전환한 이유 중 가장 큰 이유는 바로 수익이다. 가족 여행자들은 보통 아빠가 쉬는 주말에만 여행을 떠날 수가 있다. 그렇기 때문에 가족 펜션의 형태로 펜션이 운영된다면 평일은 포기해야 한다.

더군다나 M펜션은 비수기 주말마저 12개 방을 다 채울 수 있을지도 불분명하다. 그리고 가족 여행자는 여행지에서 지출을 줄이기 위해서 직접 장을 보는 경우가 많다. 하지만 단체 여행 그룹은 다르다. 회사는 법인카드로 여행경비를 쓰기 때문에 여행 진행이 원활한 곳이라고 판단하면 아낌없이 법인카드를 긁는다. 본인 돈이 아니기에 지나칠 정도로 객실 이용료를 협상하지 않는다. 그리고 본인들이 편안히 즐길 수만 있다면 바비큐 세트, 세미나실, 노래방 사용료를 거침없이 결제한다. 결국, M펜션 사장인 나는 단체 펜션이 영업이익을 얻기 위해 더 유리하다고 판단한 후 워크숍과 야유회로 포커스를 맞춰 단체 여행 전문 펜션으로 노출되기 위해 필요한 것들을 하나하나씩 정리해나가기 시작했다.

1층 카페를 세미나실을 겸해서 사용할 수 있도록 변경했고, 캠프파이어 장소 설치, 강당이 없으니 우천 시에도 야유회를 즐길 수 있는 큰 천막을 구입해놓았다.

● 태안 M펜션의 우천시 야유회 천막 설치 사진

온라인 광고는 기존 펜션을 컨설팅할 때 진행했던 방식 그대로 네이버에 광고와 홍보를 등록했고, 2주에 한 번씩 블로거 파티라는 이벤트를 만들어 한 번에 약 10~20명 정도의 여행 전문 블로거들을 초대했다. 여행을 좋아하는 블로거들과 함께 바비큐 파티를 즐기는 모습은 모임 장소로 적합한 펜션의 모습으로 잘 포장해서 글과 사진을 인터넷에 업데이트했다. 그리고 그들(블로거)은 내 펜션의 홍보에 도움을 줄 키맨으로 선정하고 좋은 관계를 지속했다. 또한, 주변 충청권 도시와 서울, 경기권의 회사, 단체, 교회, 유치원 등의 명단을 확보해서 한 장짜리 워크숍 제안서를 만들어 회사와 단체의 담당자에게 보내기 시작했다.

그 작업을 3개월간 하루도 거르지 않고 꾸준히 작업했고, 3개월 후부터는 단체 여행에 대한 문의가 거의 주를 이룰 정도로 많아지게 되었다.

● 매월 여행 블로거들을 초대해 체험기를 쓰도록 권했다. 태안 M펜션 세미나실 모습

## 시찰을 홍보로 활용

5~10명 정도로 작은 규모의 단체 여행자들은 인터넷에서 노출된 모습만 보고 예약 여부를 결정한다. 하지만 50명 이상의 단체 여행 팀들은 가끔 시찰을 할 수 있는지 묻기도 한다. 규모가 큰 단체여행의 경우 예약이 조심스러울 수밖에 없다. 당연히 그럴 것이 여행을 담당한 직원이 잘못된 결정을 해서 행사를 망치게 된다면 그에 따른 책임이 따를 수 있기 때문에 워크숍 등 단체 여행지 결정은 매우 신중하다. 그래서 그들은 확실하게 체크하기 위해 시찰을 문의하는 경우가 있다. 그래서 나는 그들이 원하는 시찰을 더 전면적으로 내세워 홍보했다. 홈페이지 내에도 시찰에 대한 내용을 크고 잘 보이게 넣었으며, 키워드 광고 글에도 시찰에 대한 내용을 넣었다. 적극적으로 시찰을 알린 방법으로 예약률을 크게 높였는데, 방법은 매우 간단했다. 바로 시찰자에게 혜택을 주는 방식이다. 시찰에 관련해서 문의해오면 숙박권을 제공할 테니 가족 여행 겸 시찰을 함께하라고 권했다. 이렇게 뜻하지 않은 선물을 받게 된 담당자 대부분은 내 펜션에 예약하게 되었다. 보통 이런 식의 시찰을 온 담당자의 회사는 약 70~80% 이상이 예약했다. 그리고 이 직원들의 명단은 잘 관리해서 때때로 엽서나 문자 등을 발송하고 비수기 기간 무료 숙박권을 제공해서 그들(기업 내 여행 담당자)에게 지속적으로 펜션을 알리는 작업을 했다. 이 작업으로 M펜션은 대기업과 중소기업 11업체와 계속해서 관계를 맺을 수 있었다. 지속적인 관계를 맺게 되면 더 발전적인 제휴가 가능한데, 회사에서는 펜션을 지정 하계 휴양소로 이용할 수 있으며, 연간 회원권을 직원들에게 배포할 수도 있다.

　내가 운영했던 M펜션은 앞선 방법을 통해서 점차 단체 펜션의 이미지를 견고하게 만들게 되었고, 매출은 자연스럽게 오르게 되었다. 인원수가 많은 단체 손님의 경우 1인 4~5만 원 정도의 비용을 책정했는데, 보통 100명 정도 인원이 펜션에 하루 머물게 되면 매출은 약 500만 원 정도가 되었다. 물론 식사 패키지 포함, 세미나실 사용, 노래방 사용 등 펜션에서 이용 가능한 부대시설을 모두 포함했다.

　여름 성수기는 누구나 모객을 잘할 수 있을 만큼 여행자들이 많다. 하지만 문제는 비수기 기간인 봄과 가을,겨울 시즌인데, 단체 펜션은 OT, 워크숍, 야유회, 봄 여행, 가을 여행 등의 이유로 비수기 평일에도 모객이 가능하다. 아직도 땀나게 뛰어다녔던 4월이 생생하게 기억난다. 봄 비수기 최고의 매출을 만들었던 때인데 4월 한 달 동안 그룹당 70~100명 정도 되는 단체 그룹을 9번이나 모객했던 때가 있었다.

　평균 70명 정도로 가정하고 1인 5만 원 패키지 상품을 선택하면 하루 3,500,000원 매출이고 이 상황이 4월에만 9번이 있었으니 4월에 3,000만 원 이상의 매출을 주말을 제외하고 단 9일 만에 만들 수 있었다. 물론 주말 매출을 합하면 훨씬 더 높은 매출이었다. 당시 나는 직원들에게 농담 반 진담 반으로 단체를 한 달에 4팀 이상을 받을 수 있다면, 손님이 없는 날에는 휴가를 즐겨도 된다고 이야기하기도 했다. 그만큼 단체 펜션은 목적이 명확한 컨셉을 잘 정해서 영업한다면 커플이나 가족 펜션이 상상할 수 없을 정도의 큰 매출을 올릴 수 있다.

　그로부터 약 2년이 흐른 후 나는 태국 파타야의 게스트하우스를 운영하기 위해 태안 M펜션 운영을 접었다. 현재 태안 M펜션은 여러 사장을 거쳐 잘 운영되고 있는 듯하다.

해외(태국)의 숙박업소와 큰 규모의 펜션을 여러 직원을 두고 운영했던 경험은 나에게 매우 큰 도움이 된 시간이었다. 내가 지자체 등에서 강의를 하는 날이면 곳 곳의 교수님들과 관련 사업가 분들이 내 강의를 듣기 위해 참석하곤 한다. 경험이 많은 대단한 분들이 내 강의에 참석하는 이유는 아마도 이론적인 부분을 배우고자 함은 아닐 것이다. 정석이 아닌 게릴라식 마케팅 또는 무식할 정도로 밀어부치는 마케팅 방법에 대한 궁금증을 해결하기 위해서 참석하는 게 아닐까 생각된다.

이론과 실무는 분명히 다르다. 내 경험으로 비추어보면 숙박업에 정석은 없다. 하루하루 빠르게 변화하는 흐름에 적응해야 하기 때문이다(최근의 유행과 마케팅의 흐름은 정말로 빠르게 변하고 있다!). 그리고 펜션이나 호텔을 그저 잘 운영하는 것과 매출을 극대화하기 위한 운영방식은 다르다.무서울 정도로 몰아부치는 세일즈방법도 경험에 의한 자신이 있어야 몰입이 가능하다. 이론만 갖고 혼신을 다 해 일하기는 어렵다.

나는 지금도 그런 실무감을 잃지 않기 위해서 또 다시 횡성의 약 1만여 평의 대규모 숙박업소를 운영계획 중이며, 크지 않은 규모의 호텔을 운영하기 위해 현재 협의 중이다.

앞으로 내가 운영할 펜션과 호텔이 또 다시 성공사례로 만들어져 사람들의 입에 오르내리는 일이 다시 만들어지길 희망하고 있다.

● 태안 신두리 일번지 펜션

## 태안 신두리 ●
## 일번지 펜션

운영하는 펜션을
잘 파악한 홍보로
성공한 사례

"

내 펜션의
단점을 보지 못하면
장점을
볼 수도 없다

"

● 나는 태안 '신두리 일번지 펜션'의 사장을 매우 적극적이고 밝은 분으로 기억하고 있다.

3년 전, 신두리 일번지 펜션 사장이 나에게 전화해서 펜션 컨설팅을 의뢰했다. 하지만 당시에 나는 많은 강의와 컨설팅이 예약되어 있어서 정중히 거절했었다. 더군다나 펜션 사장의 전화를 받았을 때 나는 제주도 한림에 위치한 펜션과 리조트를 컨설팅하기 위해 잠시 제주도에 머물고 있었다.

"그럼, 잠시만이라도 만나 뵙고 이야기 나누고 싶은데 괜찮을까요?"

"정말 죄송합니다만, 지금은 그렇게

할 수가 없습니다. 전화로만 답해드릴 수 있는데 그래도 괜찮겠습니까? 왜냐하면 제가 제주도 일정을 마치면 바로 서울로 갔다가 다시 또 강릉으로 출장을 가야 하거든요. 만나 뵙고 상담해드리면 좋겠지만, 요즘은 정말 너무 시간이 없군요."

"네. 알겠습니다. 그럼 제가 제주도로 가면 뵐 수 있는 거죠?"

"네. 이틀 후 오후 비행기로 떠나니 제주도의 일정은 그나마 여유롭죠. 오시려고요? 하하하."

제주도 펜션의 컨설팅을 다 마치고 직원과 함께 협재해수욕장을 이리저리 둘러보는데 한 통의 전화가 왔다. 바로 태안 '신두리 일번지 펜션' 사장이었다. 나와 만나기 위해서 제주도로 왔고 숙소도 내가 현재 컨설팅을 하며 머무는 같은 곳으로 잡았다고 했다.

반갑기도 했지만 사실 나의 일정도 있었기 때문에 조금은 불편했다. 하지만 '얼마나 간절했기에 여기까지 왔을까?' 하는 생각이 들어서 미팅 시간을 잡고 상담을 시작했다.

● 제주 협재해수욕장의 커피숍에서 만난 '태안 신두리 일번지 펜션' 사장

신두리 일번지 펜션 사장의 첫 느낌은 에너지가 굉장히 강한 분처럼 느껴졌다. 밝고 좋은 성격으로, 펜션이 아니라 어떤 사업을 해도 잘해낼

분 같았다. 의뢰가 밀려 그분의 컨설팅을 해드릴 수 없으니 여기까지 오신 김에 상세히 상담해드리기로 마음먹고 현재 펜션의 상황과 문제점 등을 들어봤다.

"신두리 해안사구라고 들어보셨나요? 그 멋진 해안에 위치한 펜션입니다. 제 펜션은 매우 넓은 부지를 가지고 있고, 시설은 화려하지 않지만, 즐기기가 좋아서 가족 단위로 많이 오는 곳입니다."

"마케팅은 어떤 방법으로 하나요?"

"저희 펜션은 위치가 굉장히 좋은 편입니다. 그래서 조금만 광고해도 해변을 즐기려는 사람들에게 크게 어필하는 거 같습니다. 해안사구를 보러 온 사람들이나 펜션 앞 전시관에 가는 사람들도 우리 펜션을 보고 들어와서 가끔 문의해오고 있고, 가장 큰 예약은 네이버 카페에서 이루어지고 있어요. 자동차 동호회에서도 전폭적으로 저희를 밀어주고 있어서 동호회 사람들이 찾아오고 소개해주는 것만으로도 예약률이 만만치 않습니다. 아마도 이 지역에서는 저희가 예약률이 가장 좋을 겁니다."

"다른 광고나 홍보는 하지 않고 있나요?"

"펜션을 운영한 지는 6개월 정도 됐는데, 키워드 광고 조금 하고 가끔 블로그 하는 것 말고는 안 하고 있습니다. 그래도 아직까지는 잘 운영되고 있어요."

"그런데 왜 저를 찾아오셨나요?"

"불안해서요. 영업은 어느 정도 잘 되고 있지만, 펜션 사업을 한 지 몇 개월 밖에 안 돼서 과연 제가 잘 하고 있는지 점검을 받고 싶었습니다. 그리고 갑자기 영업이 안 되면 어쩌나 하는 생각에 불안하기도 하고요. 그래서 전문가에게 제대로 배우고 싶었습니다. 뭘 먼저 준비해야 할까요?"

이 답을 들은 후 나는 펜션 사장이 이해하기 쉽도록 앞으로 한 해 동안 벌어질 상황에 대해 설명했다. 그리고 뭘 준비해야 하는지 차근히 설명해주었다. 그는 현재 펜션 운영방법과 광고방법이 컨셉에 잘 맞게 가고 있는지를 물었고 나는 그 질문에 자세히 답했다.

한편으로는 그의 과한 자신감이 화를 불러올지도 모른다는 염려스러운 마음에 듣기 싫은 조언도 조금 했다. 하지만 당시 그는 내가 하는 이야기에 집중하기보다는 마치 본인의 생각을 관철하기 위해 나에게 이야기하는 듯 느껴졌다.

'펜션을 멋지게 만들어놓으면 알아서 오겠지', '내가 운영하는 데 펜션 하나 살리는 거 어렵지 않아' 이런 생각은 레드오션 사업에 뛰어든 사업가가 절대로 해서는 안 되는 생각이다.

조언이 필요하면 언제든 연락을 하라는 말을 남기고 제주도에서 짧은 만남을 갖고 헤어졌다. 그리고 한참 시간이 흘러 '태안 신두리 일번지 펜션' 사장과 다시 연락된 건 약 1년이 흐른 후였다.

"큰일입니다. 전에 선생님이 말씀하신 대로 되어가고 있어요. 어떻게 하죠? 그때 귀담아서 들었어야 했는데, 그땐 제가 너무 고집이 세서 선생님의 조언이 들리지 않았습니다."

결국 신두리 일번지 펜션 시장은 나와 첫 만남을 갖고 몇 번의 통화를 나누긴 했지만, 결국 1년이 지나서 컨설팅을 받게 되었다. 당시 컨설팅을 받기 전에는 펜션에서 커플, 가족, 소규모 단체 등을 두루두루 받으면서 광고 역시도 적당히 잘 진행하고 있었다. 지난 1년간 매출은 과거보다 조금 떨어지긴 했지만, 그래도 열심히 운영했기 때문에 주변 펜션들의 예약률에 비해 조금은 나은 상황이었다. 하지만 매출을 더 높이기 위해서는 '태안 신두리 일번지 펜션'의 컨셉과 세일즈 방향을 더욱 명확하게 할 필요가 있었다. 나는 이 펜션을 가족 펜션에서 단체 전문 펜션으로 만들기 위한 컨설팅을 시작했다. 그 첫 번째가 바로 홈페이지였다. 사실 본격적인 컨설팅을 받기 6개월 전에 펜션 사장이 나에게 전화해서 홈페이지에 관한 조언을 구한 일이 있었다. 당시 나는 홈페이지만큼은 제대로 투자해서 좋은 퀄리티로 만들어야 한다고 조언했다. 하지만 펜션 사장은 100만 원에 싸게 만들 수 있는 홈페이지가 있다며 나의 조언을 듣지 않고 그의 계획대로 홈페이지를 만들었다. 예상했지만 새로 만든 홈페이지로는 매출을 크게 올릴 수 없었다. 결국, 비용을 다시 들여서 홈페이지를 변경해야만 했다.

전(前) 홈페이지는 '신두리 일번지 펜션'의 컨셉을 제대로 살리지 못했고, 객실 내 외부가 그저 깔끔하고 멋지게 보이도록 연출한 홈페이지였다. 하지만 신두리 일번지 펜션은 예쁜 펜션이 아니기에 디자인과 설명 문구 등의 노출방법이 달랐어야 했다. 만약 태안의 여러 펜션과 경쟁에서 오로지 객실로만 승부한다면 신두리 일번지 펜션은 태안에서는 명함도 못 내밀 수준의 펜션으로 인식될 가능성이 더 크다. 그렇기 때문에 객실 외 펜션의 장점을 극대화해서 태안에서 OOO만큼은 신두리 일번지 펜션이 최고라는 것을 보여주어야 했다.

다시 돈과 시간을 들여서 화려하지는 않지만, 목적이 매우 분명한 홈페이지가 만들어지게 되었다. 여러 소비자층 중 누구에게 보여줄지를 명확히 해서 만들어졌고, 그 안에 들어가는 설명 문구(텍스트)도 영업 대상을 명확하게 향하도록 만들었다. 그 영업 대상은 바로 단체 여행자들이었다.

사람의 미(美)를 다루는 기준은 주관적이지만 대체로 예쁘지 않은데 예쁜 척, 멋지지 않은 사람이 멋진 척해봐야 알아주는 사람은 없다. 하지만 외모가 멋지지 않아도 사람들에게 매력적인 인상을 남길 수 있다. 정직한 사람, 지식이 풍부한 사람, 성격이 좋은 사람, 건강한 사람 등 사람이 사람을 좋아하는 매력은 외적인 아름다움 외에 얼마든지 다양하게 찾아볼 수 있다. 펜션도 마찬가지다. 펜션을 좋아하는 사람들이 대부분 예쁜 펜션을 좋아할 것이라는 착각에서 빨리 빠져나와야 한다. 그래야만 진정으로 내 펜션의 매력을 찾을 수 있기 때문이다.

신두리 일번지 펜션의 또 다른 문제점은 마케팅방법에서 찾을 수 있었다. 펜션 운영이 가장 잘 되던 시기는 오픈 시기였다. 속어(俗語)로 오픈 빨이라고 하는데 창업 직후는 오픈 빨이라는 것이 있어서 예약률이 좋은 경우가 있다. 오픈 빨을 너무 믿었던 '태안 신두리 일번지 펜션' 사장은 창업 초기에 운 좋게도 몇몇 자동차 동호회(네이버 카페)의 전폭적인 지원을 받으며 승승장구하는 듯했다. 동호회 카페를 통해 들어오는 예약도 꽤 많았다. 물론 이런 동호회와 제휴는 펜션 운영에 매우 큰 도움이 된다. 하지만 동호회와의 제휴는 장기간 이루어지지 않는다. 여행상품은 재구매율이 매우 떨어지기 때문이다. 당시 펜션과 제휴했던 동호회도 처음에는 신두리 일번지 펜션을 자주 찾았지만, 시간이 지나면서 점차 다른 지역의 펜션과 제휴하고 새로운 여행지를 찾았을 것이다. 그렇기 때문에 동호회의 제휴는 어디까지나 보너스라고 생각하고, 펜션 홍보의 자생력을 키우는 데 힘써야 한다.

● 홈페이지 메인의 카피는 은유적인 표현보다 직설적이고 구체적인 문구로 변경했다. 객실과 건물 외부보다 단체 여행자들의 모습을 더 노출했고, 즐겁게 즐기기 좋은 펜션으로 표현하기 위해 노력했다.

현재 '신두리 일번지 펜션'은 컨설팅을 통해 기본적인 광고 세팅을 모두 마친 상태이며, 펜션은 단체 펜션에 특화된 모습으로 꾸미게 되었다.

1년 전 객실에 스파를 넣는 것이 좋은지, 키즈룸을 만들어서 아이가 있는 가족 여행자들을 끌어들여야 할지 여러 가지 고민했지만, 지금은 컨설팅을 통해 완벽히 단체 펜션에 포커스를 맞추고 영업하고 있다. 스파나 키즈룸을 만들려고 했던 여유자금으로 세미나실과 노래방 겸 연회장을 설치했고, 홈페이지와 더불어 인터넷에 노출되는 이미지는 단체 여행자들이 앞바다에서 즐기는 모습, 다 함께 바비큐를 즐기는 모습, 연회장에서 즐기는 모습 등 즐길 거리에 초점을 맞추어 광고하고 있다.

얼마 전 신두리 일번지 펜션 사장에게 전화가 왔다.

"선생님, 저희 펜션이 이번에 KBS 〈슈퍼맨이 돌아왔다〉에 출연하게 되었습니다! 감사합니다. 선생님 덕분입니다."

● KBS '슈퍼맨이 돌아왔다'에 소개된 신두리 일번지 펜션

나로서도 기쁜 일이 아닐 수 없다. 이름 없던 펜션에서 티비에까지 소개가 되는 펜션이 되는 경우는 극히 드물기 때문이다. 현재 신두리 일번지 펜션은 바닷가를 잘 접목해서 즐길 거리가 풍부한 단체 전문 펜션으로 노출이 되고 있다. 매출 규모가 큰 당일 야유회는 전년도보다 2배 이상 늘게 되었고 단체예약 문의도 이전에 비해서 2배 이상

늘어나게 되었다.

창업 직후 컨셉 없이 영업하는 것이 얼마나 힘이 드는지 값진 경험을 한 신두리 일번지 펜션 사장. 이제 신두리 일번지 펜션은 자신만의 매력이 무엇인지 정확히 알고 있으며, 점차 타 펜션과 차별되는 경쟁력을 갖추어 승승장구하고 있다.

● 신두리 일번지 펜션 사장과 필자와의 카톡 대화 사진

● 거제 퍼니 펜션

# 거제 퍼니 펜션 ●

거제도 내 판매율
최상위 1%의
럭셔리 펜션

사업계획 단계부터
펜션의 컨셉을 잡고
집중한 결과

● 제대로 된 사업계획이 얼마나 멋진 결과를 만들 수 있는지를 알아볼 수 있는 사례가 있다. 바로 거제도의 '퍼니 펜션'이다. 이 펜션은 객실 수는 단 6개로 많지 않지만, 예약률로 따진다면 거제도 전체에서 상위 1% 안에 속하는 펜션이다.

2017년 초 펜션을 오픈 후 현재까지 계속 거제도 내에서 예약률 1위를 기록하는 '퍼니 펜션'은 비수기 한 달 동안에도 약 80개의 객실을 판매했으며, 올해 성수기 한 달 동안(2017년 8월 7일 현재까지) 160개의 예약을 받았다. 퍼니 펜션의 객실은 풀빌라가 아님에도 숙박료가 꽤 비싼 편이다. 1박에 30~50만 원 정도 되는데 보통 1박에 10~20만 원 정도의 숙박료를 받는 곳과 비교한다면 꽤 높은 객실료가 아닐 수 없다. 평균 객실료를 30만 원이라고 가정했을 때 80개 예약을 받은 4월 비수기 한 달 동안 약 24,000,000원의 매출을 만들었고, 성수기 평균 객실료 45만 원이라고 가정했을 때 성수기 한 달 동안 약 72,000,000원의 매출을 낸 것이다. 5월, 6월, 7월 모두 매월 거의 비슷한 매출을 만들었으니 작은 펜션이 낼 수 있는 최고의 매출을 만든 펜션이 아닐까 생각된다. 물론 이런 결과는 운도 따랐겠지만, 펜션 사업의 계획부터 철저하게 준비하고 진행한 것이 큰 매출을 만드는 데 결정적인 역할을 한 것이라고 할 수 있다.

거제도 퍼니 펜션 사장은 2016년 가을, 빈 땅에 아무것도 없을 때부터 나를 찾아와 컨설팅을 받았다. 퍼니 펜션 사장은 건축 설계를 하기 전부터 코칭을 받아왔기 때문에 건축·운영·광고 등에 들어가는 비용을 합리적이고 효과적으로 계획할 수 있었다. 간혹 몇몇 펜션 창업자들과 이야기를 나누다 보면 잘못된 선택으로 인테리어 공사를 마치고 난 후, 다시 공사하는 경우도 많고, 홈페이지도 완성시킨 후 한 달도 안 돼서 다시 제작하는 경우가 허다하다. 돈과 시간을 크게 낭비하며 창업하는 분들이 의외로 많다. 이는 모두 펜션 사업에 대한 구체적인 지식과 경험이 없기 때문이다. 그런 면에서 퍼니 펜션 사장은 첫 출발부터 돈과 시간 낭비 없이 가장 빠른 길로 목표에 다다른 분이 아닐까 생각된다.

퍼니 펜션 사장은 나와 첫 만남에 이런 말을 했다.

"제가 펜션을 하겠다고 마음먹은 다음부터 계속 이 분야 전문가를 찾기 시작했습니다. 펜션 사업에 대한 최고의 전문가를 찾은 후에 그 사람과 친해지려고 생각했죠. 그래서 컨설팅을 의뢰한 것이고 이렇게 자리하게 된 겁니다. 대박을 위해서 다 받아들일 준비는 됐으니까 좀 가르쳐주세요."

첫 만남에 이런 이야기를 하는 그를 보고 '사업하는 사람이구나'라고 단번에 알아챘다. 처음부터 노골적이고 직설적인 첫인사에 놀라기도 했지만, 새로운 사업을 냉정하고 유연하게 접근하려는 그의 모습이 오히려 창업자 마인드로는 바람직하다고 생각했다.

거제도 퍼니 펜션 사장은 컨설팅을 받는 동안 단체 펜션, 커플 펜션, 가족 펜션, 애견 펜션 중 어떤 컨셉의 펜션이 지금의 자리(땅)에 만들어지는 것이 유리한지 함께 고민하며 조사하고 결정하게 되었다. 당시 펜션 사장이 가장 관심을 갖고 있는 형태는 커플 펜션이었다. 하지만 펜션 사장은 커플 펜션에 대한 구체적인 정보가 없는 상태였기 때문에 창업자가 알아야 할 기본적인 정보들부터 광고방법, 운영방법, 펜션의 디자인 등 모든 것을 배우게 되었다. 창업까지는 약 6개월이 남은 상태였기 때문에 펜션의 컨셉과 마케팅에 대한 공부를 하기에는 충분한 시간이 있었다.

6개월 후 막 창업한 신생아 같은 퍼니 펜션과 경쟁해야 할 상대는 수년 동안 펜션을 잘 운영한 노련한 펜션 사장들이다. 경쟁 상대 이상의 정보와 지식을 갖고 있어야 경쟁에서 유리해질 수 있다. 그렇기 때문에 커플 펜션을 오픈하기 전까지 퍼니 펜션 사장은 커플 펜션의 전문가가 되어야 했다. 그래서 모든 교육과 컨설팅은 커플 펜션에 대한 지식을 충분히 쌓을 수 있도록 맞춰서 교육했다. 지난 수년 동안 성공적으로 운영이 되었던 커플 펜션의 사례들을 분석해 소개했으며, 현재 커플 펜션이 어떤 방식으로 광고와 홍보가 되는지 하나하나 코칭하게 되었다. 그리고 커플 펜션에 대한 컨셉이 확실해진 후에는 펜션의 객실 내 외부의 디자인에 대해서 코칭을 하게 되었다. 물론 건축과 인테리어에 대한 디테일한 작업은 건축가와 인테리어 디자이너가 해야 하지만, 건축주(펜션사장)의 생각이 잘 반영되기 위해서는 건축사에게 상품(펜션)의 이미지를 전달할 정도의 지식은 갖춰야 한다.

● 필자에게 컨설팅을 받는 거제도 퍼니 펜션 사장

매입한 펜션의 부지는 넓은 공간이 있지만, 먼저 6~8개 정도의 객실이 들어가는 건물을 짓기로 했다.

적은 객실수로 높은 이익을 만들어낼 수 있을까?

객실 수가 10개 미만이면 웬만큼 노력하지 않고서는 높은 매출을 만들기가 어렵다. 앞에서 소개한 양양 초록 수채화 펜션의 평일 이벤트 상품과 같이 객실 수가 적다면 객실 단가는 높아져야 한다. 객실 수가 적은데도 불과하고 가족형 펜션 이미지로 평범하게 만든 후 숙박료를 10~15만 원 정도로 한다면 망할 확률이 매우 높다. 그래서 퍼니 펜션은 객실 단가를 높이기 위해 커플 펜션 중에서도 매우 높은 수준의 펜션이 될 수 있도록 만들기로 했다.

거제도와 남해 펜션 중에서 벤치마킹할 만한 펜션 상위 5개를 확인하고, 그들과 비슷한 수준으로 맞추는 것이 아닌 그들이 갖추지 못한 이미지들을 구상했다. 경쟁력을 갖기 위해 신경 쓴 부분은 전면 바다 전망, 일반적인 펜션에 비해 월등히 높은 천장, 그리고 커플 펜션임에도 넓은 객실이었다. 그리고 펜션 객실의 디자인은 펜션을 벤치마킹하지 않고 해외의 럭셔리 호텔들을 주로 벤치마킹했다(인테리어에 세부적인 내용은 다음 장에서 소개하고 있다).

● 거제도 퍼니 펜션의 커플룸 거실

퍼니 펜션 사장은 공사를 진행하며 부대시설에 대한 확장을 심각하게 고민했다. 그래서 그는 객실 인테리어에 투자되는 비용을 조금씩 낮춘 후 대신 펜션의 카페와 조경 등을 좀 더 잘 만드는 것이 어떤지 나에게 자주 질문했었다. 하지만 투자 자금이 여유롭지 않은 상태에서 어디에 집중을 해야 할지 고민한다면 무조건 객실이 되어야 한다. 커플 펜션으로 결정했다면 더욱 객실에 집중해야 한다.

펜션은 호텔과 다르다. 커플 여행자들의 주 활동 공간은 객실이다. 커플 여행자들의 여행은 둘만의 시간을 즐기고 이벤트를 하기 위해서 펜션을 이용하기 때문에 부대시설의 활용도는 매우 떨어진다. 나는 이 부분을 펜션 사장에게 지속적으로 설명하며 설득했다. 오픈 후 수개월이 지나 퍼니 펜션은 수영장과 여러 부대시설을 더 만들기도 했지만, 창업 초기에는 부대시설은 거의 추가하지 않고 오로지 객실에 집중했다.

퍼니 펜션의 객실 디자인은 어떻게 만들어지게 되었을까?

그저 예쁘고 비싼 소품들이 객실내에 들어간다고 해서 고급스럽고 멋지게 보이는 것이 아니다. 소비자가 가진 일반적인 생각과 익숙해진 틀을 깨야만 소비자에게 특별함을 전달할 수 있다. 그래서 소비자들에게 좀 더 특별한 이미지를 전달하기 위해 일반적으로 많이 봐왔던 집, 펜션이 아닌 해외 휴양지에서나 느낄 수 있는 럭셔리한 호텔 이미지로 연출하기로 했다.

인테리어 공사를 하기 전부터 벤치마킹할 해외의 풀빌라나 호텔들을 펜션 사장에게 소개하며 의견을 주고받았다. 당시 객실은 태국 푸껫의 더 쇼어 풀빌라와 파타야 풀만 호텔의 로비 모습을 벤치마킹했고, 결과는 앞서 설명한 바와 같이 성공적이었다.

현재 퍼니 펜션은 높은 숙박료로 판매되고 있음에도 높은 예약률에 따른 좋은 매출을 만들어내고 있으며, 축적된 이익금을 바탕으로 또 다른 투자 자금을 확보할 수 있게 되었다.

이후 퍼니 펜션은 커플 여행자가 좋아할 만한 와인바, 당구대, 스파, 족욕기. 오락기를 추가로 객실에 넣었으며 수영장과 부대시설을 설치해서 영업하고 있다. 만약 창업 무렵 객실 인테리어에 집중하지 않고 부대시설에 대한 투자를 함께 진행했다면 퍼니 펜션은 객실 인테리어와 부대시설 둘 다 어정쩡한 이미지로 만들어졌을 수도 있다.

평균치에 해당하는 펜션보다 컨셉을 잘 살리는 극단적인 이미지가 영업에 더 유리하다. 그러니 펜션 사장은 당장 필요가 없다면 과감히 포기하고, 필요한 부분에 집중 투자를 할 수 있는 안목을 키워야만 한다. 커플 펜션이라면 객실에 우선을 두고, 단체 펜션이라면 부대시설을 우선해서 투자해야 한다. 펜션을 시작할 때 대출 없이 넉넉한 투자금으로 모든 것을 완벽하게 만들어내는 사장들은 많지 않다. 그러므로 사업계획 단계부터 펜션의 컨셉을 명확하게 정해서 컨셉에 따른 투자 우선순위를 정해야만 합리적인 비용으로 컨셉을 부각하는 경쟁력을 갖출 수 있다.

현재 퍼니 펜션은 거제도 내에서 가장 판매율이 좋은 펜션이 되었다. 지역 내 많은 펜션이 사업에 어려움을 겪고 있지만, 빠르게 승승장구하는 퍼니 펜션은 현재 건물보다 더 큰 커플 펜션 증축을 계획하고 있다.

● 정선 도원 펜션

## 정선 도원 펜션 ●

콘텐츠의 집약으로
대박이 난 숲속의 펜션

"
모든 광고와
홍보 기술은
노력이
뒷받침되어야 한다
"

● 이번 사례는 컨셉을 만드는 방법에 대한 소개가 아니다. 매력적인 컨셉을 노출하기 위해 얼마나 많은 노력이 필요한지를 소개하려고 한다.

잘되는 펜션이 운이 좋아서 대박이 났을까? 아니면 운 좋게도 광고 한방으로 큰 효과를 얻었을까? 지난 10여년간 내가 이 분야에서 활동하며 지켜본 결과, 그런 운은 쉽게 따라주지 않는다. 레드오션 상황인 펜션 사업에 요행은 없다. 단지 성공한 펜션 사장들의 노력이 다른 사람들의 눈에 잘 포착되지 않는 것뿐이다. 사실 자신의 생존이 걸려 있는 영업 노하우를 쉽게 노출할 사장은 어디에서도 찾을 수 없을 것이다.

얼마 전 펜션을 곧 창업한다는 분이 나에게 상담 전화를 해왔다. 그분은 지인의 펜션이 매우 잘 돼서 본인도 노후를 준비할 겸 펜션이나 한번 해보려고 한다고 했다. 그분은 매우 자신감에 넘쳤었는데, 이미 매입해놓은 땅은 위치가 너무 좋아서 펜션을 만들어놓으면 알아서 잘 될 것이라는 확신을 하고 있었다. 나는 막 퇴직을 준비하는 그분이 염려스러워서 내 금쪽같은 시간을 쪼개어 긴 시간 동안 그분에게 조언했다. 그분은 펜션이 잘되기 위해서 얼마나 많은 일을 해결해야 하는지, 그리고 무엇이 필요한지 전혀 모르고 있었다.

"사장님이 생각하는 것처럼 펜션 사업은 그리 쉽지 않습니다. 사장님이 생각한 디자인으로 펜션이 만들어지게 되면 영업이 정말 힘들어질 겁니다. 그리고 제가 말씀드렸던 것처럼 명확하게 컨셉을 정하고 그에 따른 광고 채널을 다양하게 준비해야 합니다. 이런 준비를 하려면 공부도 많이 해야 하고 엄청 노력해야 할 겁니다. 그리고 홈페이지에서 예약이 이루어지니 비용이 들더라도 홈페이지는 완벽해야 하고요. 쉽게 생각하지 말고 제가 말씀드렸던 것처럼 펜션을 알리는 일에 몰두해야 합니다. 그렇게 하지 않으면 정말 펜션을 만들 때 들어간 대출이자도 갚기 힘들어질 수도 있습니다. 그런 펜션을 저는 수없이 많이 봤습니다."

"무슨 소립니까! 제 친구가 운영하는 펜션은 광고를 하나도 하지 않고도 평일에도 꽤 많이차고, 토요일은 매일 가득 차는데요? 제 친구가 말하길 펜션 예약률이 70%는 된다고 합니다. 그런 번거롭고 돈 들어가는 광고 같은 거 안 해도 된다고 합니다. 그리고 홈페이지는 100만 원이면 만들 수 있다던데요?"

"70%라고요? 대단하군요. 제가 아는 펜션 중 강원도 양양에 초록수채화라는 펜션이 있는데 그 지역에서는 예약률이 1위인 곳입니다. 그런 곳도 예약률이 70%가 조금 안 되는데 70%라면 엄청나군요. 알겠습니다. 그 말이 사실이라면 사장님 친구의 의견을 따라 하시면 되겠군요. 저는 이만 강의가 있어서 전화를 끊겠습니다. 좋은 결과 만드시길 바랍니다."

솔직히 나는 당시 그의 말을 그대로 믿지 않았다. 바쁜 시간을 들여 조언했지만, 무의미한 시간이었다. 그리고 수개월이 지난 후 그분에게 다시 전화가 왔다. 이전의 자신감은 온데간데없고 자신의 잘못을 자책하는 이야기만 늘어놓았다. 그가 자책하는 이유는 다음과 같았다. 펜션의 부지(敷地)는 펜션을 운영한다던 그 친구의 땅이었다. 결국, 친구는 자신의 땅을 팔기 위해 그분를 끌어들인 것이었다. 그리고 펜션 예약률은 비수기가 아닌 여름 성수기를 기준으로 말했던 것이었다. 그리고 그분의 친구도 연세가 꽤 있는 분이어서 광고나 홍보는 전혀 모르고, 관여하지도 않고 있었다. 펜션 사장의 아들이 광고나 홍보를 담당하고 있었기 때문에 관심이 없었다. 좀 더 자세히 알아보니 친구의 펜션에서 아들이 매월 펜션 광고로 쓰는 비용은 약 120~150만 원 정도였고, 모든 광고는 아들이 직접 매일 오랜 시간을 들여서 작업하고 있었다.

이런 부분을 꼼꼼히 확인하지 못했던 그분은 수억 원이 들어간 이

후에도 대출이자 걱정을 하며 근근이 펜션을 운영하고 있다. 그리고 경기 침체로 수많은 펜션이 매물로 수두룩이 나와 있어서 건축한지 얼마 되지 않은 펜션은 다시 되팔기도 힘든 상황이었다.

펜션의 컨셉도 중요하고 광고와 홍보의 기술도 물론 중요하다. 하지만 무엇보다 중요한 건 사장의 노력이다. 그래서 나는 이미 잘 운영되는 펜션도 얼마나 많은 노력을 하고 있는지 소개하기 위해 정선 도원 펜션의 성공사례를 소개하려고 한다. 이번 장에서 소개할 내용은 여러 펜션 사업자들에게도 좋은 자극이 되리라 생각된다.

도원 펜션은 평창, 강릉, 속초처럼 여행 인프라가 잘 갖추어져 있고 여행자 수가 많은 지역이 아닌 강원도 정선의 깊은 산속에 자리한 펜션이다. 펜션과 사람(사장) 모두 매력적인 곳이기 때문에 재구매율이 일반 펜션과 달리 매우 높다. 단골이 꽤 많은 곳이다. 그 매력이란 객실의 화려함이 아니라, 자연과 잘 어우러진 펜션의 모습과 사람의 모습이다. 정선 도원 펜션은 그 매력을 잘 활용하고 있다. 비탈이 진 멋진 계곡을 따라 점차 위로 올라갈수록 독립된 펜션 건물들이 이어져 있어서 마치 산속의 작은 타운 같은 느낌도 든다.

계곡 외에 아무것도 없던 산속에 객실, 연회장, 전시장, 바비큐장 등 모든 것들을 펜션 사장이 직접 계발하고 직접 만들었다.

정선 도원 펜션은 이전부터 현재까지 영업이 매우 잘 되는 곳이다. 이전부터 잘되던 곳이었지만 펜션 사장은 더 노력하면 더 많은 것을 얻을 수 있다는 생각에 쉬지 않고 펜션을 알리는 일에 집중했다. 그러던 중 강원도 양양 민박협회의 강의와 경기도청에서 주관한 곳에서 강의했던 나를 발견하고 연락해왔다.

정선 도원 펜션이 컨설팅을 받게 될 때까지는 우여곡절이 참 많았다. 처음 나에게 연락해왔을 때는 정선민박협회의 강의 요청이었다. 하지만 대규모 강의는 여러 사정으로 무산이 되고 마음 맞는 소그룹을 만들어서 다시 강의를 받기로 했다. 하지만 그것도 각자의 사정으로 인원은 10명으로 좁혀졌고, 또다시 나에게 연락이 왔을 때는 결국 도원 펜션 사장 혼자 교육을 받게 되는 상황이 되었다. 내 강의를 많은 사람에게 알리기 위한 노력은 아쉽게도 무산되었지만, 그래도 가장 열의가 있던 도원 펜션 사장과 친분을 쌓으며 교육해드릴 수 있어서 크게 아쉽지는 않았다. 결국 교육이 아니라 일대일 컨설팅이 되어버린 것이었다.

당시 도원 펜션 사장은 교육 전날이면 4시간 동안 운전해서 교육을 받는 장소로 혼자 찾아왔다. 교육 장소 근처 호텔에서 하룻밤을 묵고 아침에 나에게 교육을 받았다. 이렇게 하길 6개월이었다. 매월 이렇게 한다는 건 사실 쉽지 않았으리라 생각한다.

● 펜션 컨설팅을 받는 중인 정선 도원 펜션 사장

도원 펜션 사장은 펜션을 운영한 지 수년이 흘렸지만 틈만 나면 책을 보며 마케팅에 관한 공부를 했고 실패를 거듭하며 자신만의 노하우를 만들어가는 중이었다. 그래서 이미 나를 만나기 전에도 웬만한 광고는 직접 운영할 정도였다. 그리고 인터넷에서 홍보할 수 있는 공간이 새로 생기면 꼭 한 번 체크해보고 활용해보는 그런 분이었다. 하지만 펜션 운영을 위해서는 많은 시간과 손이 필요하기 때문에 새로운 홍보 공간이 생겼다고 해도 집요하게 파고들며 연구할 여력은 충분하지 않았다.

당시 체계화가 되지 않았던 도원 펜션의 마케팅은 컨셉과 그에 따른 콘텐츠를 집중하지 못하고 중구난방식의 노출만 반복하고 있었다. 그래서 가장 먼저 펜션을 한 번에 소개할 수 있는 문구와 이미지를 만들어서 노출할 수 있는 플랫폼에 집요할 정도로 집중해서 노출시켰다.

'이런 곳이 진짜 펜션이다!'
'강원도를 느낄 수 있는 산골여행지'
'자연인의 삶을 체험할 수 있는 숲속의 펜션'

이러한 방법으로 도원 펜션은 직접 노출할 수 있는 모든 공간에 집중해서 알리기 시작했다.

이전에는 펜션의 객실과 외부 모습을 소개하는 홍보방법을 사용했다면, 이제는 펜션의 자연친화적인 이미지를 전달하기 위해 노력했다. 당시 도원 펜션 사장이 직접 운영했던 광고 채널은 다음과 같다.

키워드 광고(2가지), 제휴 광고, 네이버 블로그, 네이버 카페, 네이버 톡톡, 네이버 예약, 네이버 지도평가 관리, 페이스북 광고, 카카오

스토리, 구글 광고, 유튜브 광고, 홈페이지 관리 등 기본적인 것만 해도 약 12가지다. 잘되는 펜션이라고 해도 이 12가지를 소홀히 할 수는 없다.

도원 펜션을 잘 아는 독자들이라면 도원 펜션 사장이 이처럼 노력을 하는 것에 조금은 놀랐으리라 생각된다. 잘되는 펜션 사장도 이런 노력을 하고 있다. 도원 펜션뿐만이 아니라 초록 수채화, 가고픈 흙집, 퍼니 펜션, 신두리 일번지 펜션 등 잘되는 펜션들은 모두 앞서 소개한 12가지를 모두 관리하고 운영한다.

도원 펜션은 이미 오랜 시간 블로그나 SNS, 광고 채널들을 이용해왔던 터라 펜션의 컨셉을 확실하게 만들고 난 뒤의 소비자 반응은 매우 즉각적으로 나타났다. 꾸준히 작업한 결과 2016년에는 7월 1일부터 시작해서 9월 17일까지 약 70일 가까이 9개의 모든 객실이 거의 만실이 되었다. 도원 펜션 사장도 이와 같은 엄청난 결과가 매우 놀랍다며 나에게 전화를 해왔던 일이 있었다. 그분은 나에게 연신 고맙다고 했지만, 사실 모든 결과는 그분의 노력으로 만든 것이다.

아직도 펜션 사업을 하는 데 '당연히 잘 될 것이다' 또는 '수억을 들여서 펜션을 운영하는데 이런 일까지 해야 하나?'라고 생각하는 분들이 있다면 이 사업은 좀 더 숙고해보는 것이 좋을 것이다. 물론 펜션의 규모가 커서 광고나 홍보를 외주에 맡길 수도 있겠지만, 소형펜션이라면 직접 해결해야만 한다. 이 책의 첫 장에서도 설명했지만, 펜션 사업은 숙박업의 범주에 속하지만, 소비자들의 구매형태를 보면 오히려 인터넷 쇼핑몰과 매우 흡사하다. 그러니 펜션 운영자는 인터넷 쇼핑몰 사장이 알아야 하는 것만큼의 능력을 갖추어야 한다. 펜션이 잘되길 바라면서 어떻게 노력해야 할지도 모른다면, 그 사업장은 망할 확률이 더욱 높아진다.

많은 사람이 사회로 나가기 전, 고작 몇 푼의 월급을 손에 쥐겠다고 수많은 면접을 보며 입사를 위한 공부를 한다. 그리고 입사해서는 그 몇 푼의 월급을 계속 벌겠다고, 영어·중국어·일어 등 관련 공부를 계속한다. 자기 계발은 명분일 뿐, 결국 다른 경쟁자들에게 밀려 도태되지 않기 위해서 하는 노력이다. 그렇지 않은 직장인들도 있겠지만, 적어도 어릴 적 나는 그랬다. 그런데 나이가 들어 자신의 전 재산을 걸고 사업을 시작할 때는 왜 많은 사람들이 전력을 다하지 않는지 나로서는 이해할 수가 없다. 이 사업도 직장생활과 마찬가지로 끊임없이 공부하고 노력하지 않으면 너무나도 쉽게 도태되는데 말이다. 이 부분에 대해서 곰곰이 생각해본 적도 있다. 아마도 나이가 들면서 많은 경험과 지식을 기반으로 한 본인의 직관을 더 믿기 때문이 아닐까 생각된다. 하지만 펜션 사업은 직관만으로는 절대로 성공적으로 운영할 수 없다. 그리고 지금처럼 치열한 경쟁을 하는 펜션 사업에 요행과 쉬운 내박은 없다. 모든 마케팅과 기술에는 기본적으로 노력이 뒷받침되어야 한다.

책에서 소개한 펜션들 외에도 나의 컨설팅을 받은 펜션 중 컨설팅 전과 후의 매출이 현격히 차이가 날 정도로 발전한 펜션들은 수없이 많다. 산청 너와나 펜션, 가평 네이처스토리 펜션, 동해 에버그린 펜션, 양양 들꽃내음 펜션, 부산 채움 펜션, 삽시도 태창비치 펜션, 제주

오르제 펜션 등 여러 곳이 있다. 무엇보다 중요한 것은 요행은 없었다는 것이다. 모든 펜션 사장의 노력이 대단했다. 그리고 그들이 노출하고자 하는 방향을 소비자들이 원했던 것과 잘 일치시켰다. 얄팍한 마케팅방법 몇 가지로 대박을 칠 수 있다는 꿈은 버려야 한다. 이 사업은 결코 쉬운 사업이 아니다. 가장 기본이 되는 컨셉을 만드는 것부터 시작해서 홍보의 자생력을 키우고 노력해야 한다.

지금까지 실제 펜션 사례를 통해 펜션 컨셉이 어떻게 만들어졌는지를 소개했다. 다음 장에서는 앞서 자세히 소개하지 못한 '매력적인 컨셉 만들기'에 대해서 상세히 소개해보도록 하겠다.

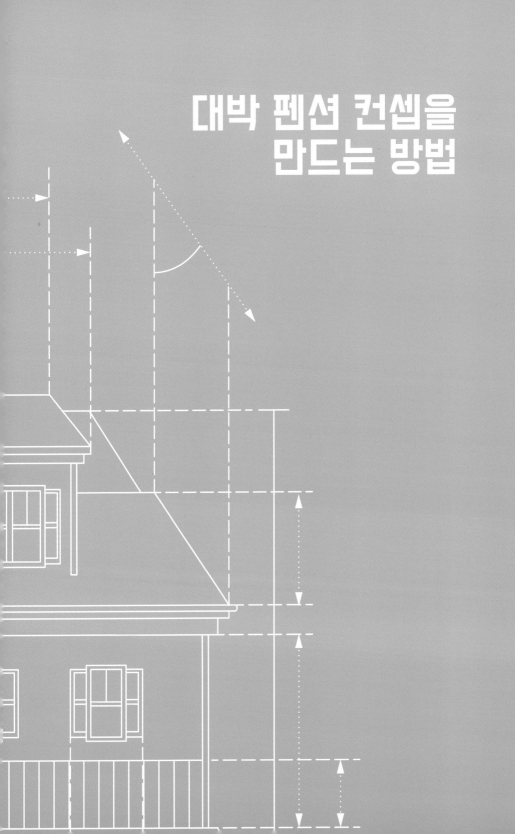

# 대박 펜션 컨셉을
# 만드는 방법

● Chapter 4 ●

# ● 대박 펜션 컨셉을 만드는 방법

## ● 내가 운영할 수 있는 펜션은 어떤 형태인가?

며칠 전 펜션 창업을 고민하는 예비창업자 부부를 상담했다.

부부는 현재 서울에서 직장을 다니고 있으며, 매일 같은 일상과 일(직장생활)에 염증을 느껴 좀 더 자유롭고 여유로운 삶을 살기 위해 펜션 사업을 준비하려 한다고 했다.

젊은 부부였기 때문에 큰 펜션을 운영할 자금은 넉넉하지는 않았지만, 부부가 운영할 아담한 펜션을 매입할 정도의 자금은 마련되어 있었다. 하지만 좋게 말해서 아담한 펜션이지, 아담한 규모로는 이익을 내기 힘들다. 그리고 펜션 사업은 펜션 운영의 목적을 수익에 주안을 둘지, 전원생활에 주안을 둘지, 사람들과 즐기며 자유로운 삶에 주안을 둘지를 명확히 해야 한다. 수익과 전원생활 둘 다 잡기는 꽤 힘들기 때문이다. 직장생활에 대한 염증과 더 자유로운 삶이 부부의 가장 큰 목적이었기 때문에 막연하게 창업을 했다가는 부부가 원하는 삶이 아닌 고생스러운 노동만 남을 수도 있다는 생각에 '창업 목적'을 명확하게 하도록 조언했다.

"돈이 목적이라면 지금의 좋은 직장을 계속 다녀야겠죠. 하지만 저희 부부는 더 여유롭고 행복한 삶을 원합니다. 콘크리트로 둘러싸인 아파트가 아닌 예쁜 내 집을 짓고 우리 집으로 여행을 오는 사람들과 좋은 관계를 맺고 사람들과 어울리며 살고 싶습니다. 그래서 아직은 너무 막연하고 계획은 구체적이지 않지만, 그저 시골에 펜션을 운영하며 살고 싶다는 생각을 했습니다. 물론 생활을 위한 어느 정도의 돈은 벌어야겠죠. 과연 우리가 가진 자금과 제 능력으로 펜션 사업을 하는 것이 가능할까요? 오늘 만약 선생님께서 우리의 힘으로는 펜션 운영이 힘들 거라고 말씀하신다면 과감히 이 꿈을 접으려고 합니다. 분명히 쉽지는 않으리라 생각은 하고 찾아왔습니다."

많은 펜션 창업 희망자들은 은퇴 생활비를 마련할 목적과 여유로운 전원생활을 꿈꾸며 펜션 사업을 계획한다. 하지만 많은 사람이 좋은 결과를 얻기보다는 실패하는 경우가 더 많다. 펜션 사업은 엄청난 레드오션 사업임에도 정확한 사업 목적과 컨셉을 갖지 않고 시작을 했기 때문이다. 명확한 목적과 컨셉 없이 시작한다면, 처음 상상했던 기대와 달리 너무나도 다르게 흘러갈 가능성이 커진다. 많은 사람들은 펜션 창업을 하게 되면 막연히 자유롭고 행복한 삶을 살 것이라고 생각한다. 여행자들과 소통하고 어울리며, 여유로운 평일 낮시간에는 본인이 원하는 취미 활동을 할 수 있을 거라고 생각한다. 하지만 이 생각은 일부는 맞지만 많은 부분은 그저 바람일 뿐 실상은 그렇지 않다. 그 이유는 펜션 여행자들의 각기 다른 성향과 게스트하우스를 이용하는 여행자들의 서로 다른 성향에서도 그 이유를 찾아볼 수도 있다.

펜션으로 여행을 떠나는 사람들은 폐쇄적인 성향을 띠는 경우가 많다. 그리고 손님들 대부분은 펜션의 1박 요금은 비싸다고 생각하고 있으며, 그들은 비싼 비용을 지불하고 왔기 때문에 내 공간에 대한 기대가 매우 높다. 내 방, 내 바비큐장 등 내 공간에서 내 사람들과의 시간을 보내려고 한다. 즉, 공간에 초점을 맞추어 여행을 온 경우가 많기 때문에 펜션 여행자들은 주로 독특하고 예쁜 펜션 객실을 찾는다. 예쁜 공간에서 내가 사랑하는 사람들에게 집중하며 이벤트를 해주기도 하고 또는 내 팀과의 단합을 목적으로 펜션을 이용한다. 그렇기 때문에 그들의 공간(객실, 바비큐장, 테라스 등)에 많은 투자를 해야 한다. 하지만 게스트하우스를 이용하는 투숙객들의 성향은 펜션을 선호하는 소비자와 다르다. 게스트하우스로 여행을 떠나는 사람들은 펜션 이용자들보다 객실에 대한 기대치가 높지 않으며 좀 더 개방적인 성향을 띤다. 이들은 합리적인 여행 비용과 주변 여행에 초점을 맞추어 숙소를 선택하기 때문에 객실에 많은 기대를 하지 않는다. 그렇기 때문에 그들은 처음 만나는 사람들과 섞여서 공용침실 형태의 2층 침대에서도 투숙할 수 있다. 모르는 사람들과 어울려 잠을 자고 함께 TV도 보고, 카페나 거실에서 여행 정보도 주고받고 저녁에는 삼삼오오 모여서 함께 바비큐 파티를 하며 맥주도 함께 마신다.

그렇기에 며칠 전 나에게 상담을 의뢰했던 부부의 계획처럼 여행자들과 함께 어울리며 숙박사업을 하고 싶다면 게스트하우스에 가까운 형태의 숙박사업을 하는 것이 맞다. 그럼에도 그들은 막연하게 펜션을 생각하고 있던 것이다. 펜션에 투숙하는 손님들은 그들만의 시간을 보내길 원하기 때문에 좋은 인간 관계를 맺기 어려울 수 있다. 그저 입실 때 인사하고, 바비큐를 하기 위한 숯불을 피워주고, 손님이 나가면 청소를 하고 또 다음 여행객들을 맞이하는 일을 반복한다. 결국, 펜션 사업으로는 사람들과 어울리며 여행자들과 인간관계를 풍요롭게 하기에는 부족함이 있다.

진심으로 돈에 구애받지 않고 살 자신이 있다면 시골에서 카페 겸 게스트하우스를 해도 좋고, 큰 마당의 별관에 단 2개짜리 방을 만들어서 민박사업자로 등록해서 운영하는 방법도 좋은 방법이다. 하지만 펜션을 이용해 수익을 내고 싶다면 펜션이 입소문이 날 때까지 감상은 내려놓아야 한다.

꼭 창업 이유를 명확하게 하고 그에 따른 숙박 사업을 시작해야 한다.

## ● 펜션 컨셉은 차별화부터 시작한다

나는 보통 펜션에 대한 컨설팅을 의뢰받으면 가장 먼저 펜션의 컨셉에 대해서 먼저 질문한다.

"운영하는 펜션의 컨셉이 무엇입니까?"

이와 같은 질문에 대부분은 이렇게 답한다.

"제 펜션은 단체 펜션입니다."

"우리 펜션은 예쁜 펜션(커플 펜션)입니다."

"스파 펜션입니다."

과연 단체 펜션, 예쁜 펜션이 나만의 컨셉이 될 수 있을까? 지금 네이버 검색창에 예쁜 펜션을 검색해보면 아마도 수천 개의 펜션이 검색될 것이다.

수천 개의 펜션에 속하는 펜션은 좋은 컨셉이라고 할 수 없다. 만약 펜션 사장이 예쁜 펜션, 커플 펜션, 단체 펜션이라고 답했다면 아직 자신이 운영하는 펜션의 컨셉이 무엇인지 모르고 답한 경우라고 할 수 있다.

이에 더해 "펜션의 브랜드를 만들기 위해서 어떤 노력을 하고 있습니까?"라고 물으면, "제 펜션이 그리 화려한 펜션도 아닌데 브랜드가 웬 말입니까? 그런 건 루이뷔통, 에르메스, 샤넬 같은 명품에 붙이는 말 아닌가요?"라고 답한다. 이 역시도 브랜드에 대해 제대로 인지하지 못한 잘못된 답이다.

국내의 펜션 사업은 매우 치열한 경쟁을 해야 하는 어려운 사업이다. 그런 수많은 펜션과 경쟁하면서 내 상품의 고유한 장점을 내세우는 브랜딩 작업도 하지 않고 컨셉도 모른다면 결국 전략적인 마케팅을 할 수 없게 된다.

예를 들어 진공청소기를 판매할 때 필요한 브로슈어를 만든다고 가정하자. 브로슈어에 들어가는 문장을 선택하려고 할 때, '강력한 진공청소기'와 '쇠 구슬도 빨아들이는 진공청소기'라는 두 문장은 맥락은 같지만, 소비자에게는 후자의 카피(쇠 구슬도 빨아들이는 진공청소기)가 더 빠르게 다가갈 수 있다. 상품을 나타내는 두루뭉술한 이미지로는 고객을 사로잡지 못한다. 소비자들에게 보여주는 사진과 문구들은 행동을 유발하는 이미지가 노출되어야 한다. 대기업의 제품들은 다양한 방법으로 이미지를 마케팅하지만, 자영업자들의 제품들을 소개할 때는 더 직접적이고 구체적이어야 한다.

만약 펜션 홈페이지의 메인화면에 펜션의 판매율을 높이기 위해서 작성한 문구가 다음과 같다면 A, B 문구 중 소비자는 어떤 문구에 더 관심을 보일까?

A. 파도 소리를 들으며 사랑하는 사람들과 최고의 추억을 만들어 보세요~!
B. 바닷가와 펜션과의 거리 5M! 펜션 앞에서 머드 체험 가능~!

물론 A를 선택하는 소비자들도 있겠지만, 많은 수가 B를 선택할 것이다. 이처럼 차별화된 장점을 구체적으로 소개해야 한다. 어떤 이는 브랜드가 있는 펜션이 되기 위해서 매년 많은 돈을 지출해가며 인테리어, 익스테리어, 조경공사 등 많은 부분을 리노베이션한다. 하지만 펜션 브랜딩 작업을 위해서 높은 수준의 시설보다 먼저 고민해야 할 것이 있다. 그것은 바로 남들과 구별되는 차별화다. 펜션을 고급스럽고 예쁘게 꾸며놓았다고 해도 결국 주목받지 못한다면 투자 대비 효과를 얻지 못하는 결과를 얻을 수 있다.

그러므로 치열한 경쟁 속에 들어오기 전에 펜션은 한눈에 주목을 받을 만한 차별화된 장점을 만들고 시설 업그레이드는 그다음에 하는 것이 좋다.

● 불과 5~6년 전만 해도 이런 디자인으로 영업할 수 있었지만, 지금은 이런 분위기로는 판매율을 높이기 힘들다.

펜션의 시설 업그레이드 작업. 즉, 많은 돈을 들여서 인테리어를 했다고 하더라도 결국 2~3년이 지나면 한물 지나간 디자인이 될 것이며, 결국 차별화를 하지 못했다면 투자 대비 효과를 못 받는 펜션으로 전락한다. 앞서 사례로 소개했던 단양의 가고픈 흙집 펜션이 바로 차별화된 장점을 잘 만든 좋은 사례라고 할 수 있다.

그렇다면 펜션의 이미지 즉 컨셉은 어떻게 만들 수 있을까? 앞서 설명한 대로 먼저 차별화하고 그다음 구체화하면 된다. '바닷가 앞 펜션'이 아니라 '바닷가 5M 앞의 펜션'이 되어야 한다. 그리고 그 이미지는 펜션을 노출할 수 있는 모든 공간에 '바닷가 5M 앞의 펜션'이라고 노출해야 한다.

구체화 작업이 필요한 이유는 다음과 같다.

매년 가족과 함께 여행하는 김씨는 작년에 다녀왔던 A펜션을 실망스러운 펜션으로 기억하고 있다. 김씨는 '바닷가 앞 A펜션'이라는 광고 글을 보고 펜션을 선택했지만, 막상 도착해서 보니 바닷가가 너무 멀리 있었기 때문이다. 실망스러웠던 기억에 올해는 좀 더 제대로 검색을 해서 펜션을 선택하리라 마음먹고 인터넷을 뒤지기 시작했다. 한참을 검색하던 중 B펜션을 발견했다. 그리고 B펜션 광고 문구는 '바닷가 5M 앞의 펜션'이라고 써 있는 것을 확인했다. 만약 이런 상황에 김씨는 다시 A펜션을 선택할 확률이 높을까? 아니면 B펜션을 선택할 확률이 높을까?

고객에게 선택받기 위해서는 더 구체적으로 내 펜션의 장점을 소개해야 한다. 그 구체화한 장점이 비로소 펜션의 컨셉이 된다.

## 펜션을 구체화하기 위한 카피들

- 계곡 펜션 → 휴양지로 유명한 깊은 계곡이 있는 계곡 펜션
- 바다 펜션 → 바닷가 5M 앞의 바다 펜션
- 커플 펜션 → 프러포즈를 하기 좋은 이벤트룸이 있는 커플 펜션
- 수영장 펜션 → 성인단체가 즐기기 좋은 10M 규모의 수영장 펜션
- 수영장 펜션 → 겨울에도 이용이 가능한 따뜻한 돔 수영장 펜션
- 워크샵 펜션 → 100명 이상 수용이 가능한 세미나실과 바비큐장이 있는 단체 전문 펜션

- 흙집 펜션 → 아궁이에 직접 불을 지피며 옛 고향집을 느낄 수 있는 흙집 펜션
- 통나무 펜션 → 털보아저씨가 운영하는 산장

이처럼 고객이 필요로 하는 것을 더 구체적이고 명확하게 설명하고 보여줘야만 구매율을 더 높일 수 있다.

소비자는 지갑을 열기 전에 여러 가지 고민을 하게 된다.

'과연 이 펜션이 나한테 맞는 곳일까? 좋은 곳일까?'

소비자가 이런 고민을 할 필요가 없도록 판매자가 먼저 구체적으로 보여줘야 한다. 소비자가 '내가 찾던 곳이 바로 저곳이다!'라고 느낄 수 있도록 이미지를 전달해야 한다.

## 예)

- 아이들과 함께 여행하려는 부모의 경우

  '객실이 덜 화려하더라도 우리 아이들이 즐겁게 놀 수 있는 수영장이나 계곡이 멋진 곳이 있다면 그곳으로 결정하고 싶다'
- 워크숍 장소를 찾는 직원의 경우

  '객실이 화려하지는 않더라도 이번 우리 회사의 워크숍을 원활히 진행할 세미나실이나 연회실이 잘 꾸며진 곳으로 결정하고 싶다'

소비자는 화려한 펜션이나 모든 시설이 갖추어진 펜션만을 찾는 것이 아니다. 그들에게 꼭 필요한 1~2가지의 명분만 만들어주면 된다. 그러므로 운영하는 펜션의 컨셉이 명확해진다면, 리노베이션 공사는 더 집중적이고 합리적으로 할 수도 있으며 컨셉을 집중시키지 못하는 리노베이션은 불필요한 투자가 될 수도 있다.

컨셉은 차별화다. 3만 대 1로 경쟁하지 말고 남들과 명확히 구분되는 컨셉을 내세워 100 대 1로 경쟁할 수 있는 이미지를 만들어야 한다.

## ● 펜션 사장의 이미지로도 매출을 높일 수 있다

펜션을 마케팅하기 위해서는 2가지 이미지를 잘 만들어야 한다. 하나는 펜션 자체의 이미지 그리고 또 하나는 펜션 사장의 이미지다. 이 2가지만 잘 포장해도 성공적인 마케팅이 가능하다. 소비자가 펜션 예약을 하는 데 결정적인 영향을 미치는 것은 화려한 객실의 수준만이 아니다. 그러니 구매 결정에 영향을 미치는 요소가 펜션 외에 하나 더 있다면 당연히 구매율은 높아지게 된다. 그 요소를 하나 더, 또 하나 더 만들어낼수록 구매율은 점차 높아지게 된다.

소비자가 상품을 구입하는 구매형태를 살펴보면, 다음과 같다.

## 노출 → 신뢰 → 구매

소비자는 자신의 눈앞에 노출된 상품을 인지한 후 바로 상품을 구입하지 않는다. 눈앞의 상품이 과연 믿을 만한 상품인지 아닌지를 구입 전에 먼저 판단한다. 그리고 신뢰할 수 있는 상품이라고 판단하면 구매한다. 결국 '신뢰'의 이미지를 잘 노출할 수만 있다면 구매율은 높아진다. 그런데 시골구석의 작은 펜션은 그 누구도 알지 못하는데, 어떻게 신뢰할 수 있는 이미지를 펜션에 녹일 수 있을까? 쉽지 않지만 가능하다.

삼성이나 엘지와 같은 대기업은 누구나 다 알고 있는 기업이며, 대부분 그 대기업의 상품을 신뢰하고 있다. 대기업들은 오랫동안 자사의 제품과 기업의 이미지를 신뢰할 수 있는 이미지로 만들기 위해서 노력해왔다. 그렇기 때문에 매출 규모가 큰 기업은 회사의 로고를 지속해서 노출하는 것만으로도 세일즈를 위한 효과를 얻을 수 있다. 하지만 신뢰를 쌓지 못한 작은 업체는 로고 이미지가 아닌 사람이(사장) 노출되는 것이 매출에 도움이 된다. '신뢰'라는 이미지는 제품보다 사람에게 더 입히기 쉽기 때문이다.

대형 횟집 이미지보다는 해녀가 운영하는 횟집이 더 주목을 받을 수 있고, 고급이탈리안 레스토랑보다는 'OO대회 대상 경력의 이탈리안 요리사'의 레스토랑 이미지가 더 쉽게 신뢰 이미지를 소비자에게 전달할 수 있다. 펜션 사업자라면, 단지 돈을 벌기 위해 펜션을 운영하는 사장의 이미지보다 여행이 좋아서 펜션을 운영하는 사장의 이미지로 보여준다면 더 좋은 이미지를 만들 수 있다. 그래서 펜션 사업자는 펜션의 이미지도 중요하지만, 사장의 이미지 역시 잘 포장해서 노출해야 한다. 다시 설명하면, 신뢰라는 이미지를 펜션 상품에 덮어씌워서 구매 전환율을 높이게 하기 위함이다. 이러한 작업은 모든 자영업자에게 선택이 아니라 필수라고 할 수 있다.

펜션 운영에 사람(사장)의 이미지를 잘 포장해서 노출하는 것이 왜 유리한지는 앞서 3장에서 소개한 털보아저씨 펜션이 매우 좋은 사례가 될 수 있다. 사장(사람)을 노출할 때는 장사꾼의 이미지가 풍기지 않는 사람 냄새가 가득한 모습이 좋다. 취미에 열정적인 모습도 좋고 남을 위해 선행을 베푼 모습도 좋다. 돈이 목적이 아닌 일에 빠져 있는 모습으로 보일 때는 그 일의 전문가로 보여야 한다.

펜션 운영자의 경우 가장 좋은 이미지는 여행전문가, 캠핑전문가, DIY전문가 등의 모습이 펜션과 매우 잘 어울린다. 이러한 사장의 이미지를 만들었다면 내 펜션을 노출할 수 있는 모든 인터넷 매체인 홈페이지, 광고, 네이버 마이 비즈니스, 블로그, SNS 등에 노출해야 한다.

● 아재 서퍼라는 별명으로 주목을 끌고 있는 초록 수채화 펜션 사장

결혼 전에 아내와 자주 찾던 참치회 전문점이 있다. 지금은 멀리 이사해서 그곳을 갈 수는 없지만, 가끔 그 식당이 생각나기도 한다. 내가 그곳을 자주 갔던 이유는 물론 맛도 있었

지만 사실 더 큰 이유는 가게를 운영하는 대표 겸 실장 때문이었다. 우리가 방문하면 넉살 좋게 나를 맞이하고 대단히 비싼 건 아니지만 종종 서비스도 내어놓으며 이런저런 이야기를 참 재미있게 해주었던 사람이다. 시간이 많이 지나 그 가게 이름은 가물가물하지만, 그 사장의 이미지는 확실히 기억이 난다. 내가 사는 곳 주변에 참치 전문점들이 몇몇이 있지만, 아직도 참치집 하면 떠오르는 곳은 역시 그곳이다. 펜션도 그런 이미지가 만들어져야 한다.

## ● 별명이 있는 펜션이 대박 난다

〈무한도전〉이나 〈신서유기〉, 〈런닝맨〉 등의 TV 예능프로그램을 보면 연기자가 희화되거나 우스운 별명을 갖는 것을 꺼리지 않고 더욱 반기는 것을 자주 보게 된다. 사실 상대방을 쭈글이, 곱등이, 돌아이, 분홍 돼지 등의 별명으로 부른다는 건 매우 모욕적이고 화가 날 만한 일이지만 TV 비즈니스 안에서 연예인들은 그런 별명을 얻어도 행복해한다. 이유는 주목받을 수 있기 때문이다.

TV에 출연해서 주목받기를 원하는 잘생기고 예쁜 배우들은 너무나도 많다. 하지만 연예인 지망생들의 수가 너무나도 많고 잘 하는 사람도 많기 때문에 아무리 잘생겨도 대부분은 주목받지 못하고 그중 몇몇만 시청자에게 사랑받는다. 예쁘고 잘생겼다고 할지라도 TV에 나왔을 때 확실히 존재감을 알릴 수 없다면 주목받지 못한다. 그래서 연예인들은 TV에서 자신의 별명이 만들어지기를 원하고, 망가지기를 두려

위하지 않는다. 오히려 망가지면 망가질수록 시청자들에게 주목받을 수 있기 때문에 망가지기 위해 노력하기도 한다.

펜션 사업도 소비자들에게 주목받기 위한 방법은 크게 다르지 않다. 경쟁이 치열한 모든 비즈니스는 과도하게 부푼 시장 안에서 주목받지 못하면 살아남을 수가 없다. 주목받기 위해 별명을 얻어야 한다. 털보아저씨, 시크한 아줌마, 착한 아저씨, 곰돌이 아저씨, 아재 서퍼 등의 이름은 펜션 사장을 부르는 별명이다. 손님들이 지어준 경우도 있지만, 대부분은 의도한 대로 연출해서 만들어진 별명들이다.

펜션 사업자는 내 펜션이 어떤 이미지로 소비자들과 접촉해야 별명을 가질 수 있을지 고민을 해야 한다. 그것이 바로 컨셉의 시작이 될 수 있다. 앞서 설명한 사례들과 다음 단원부터 소개하는 컨셉에 관한 내용을 습득한다면 내가 가져야 할 별명을 명확히 이해할 수 있을 것이다.

"잘생긴 배우가 되고 싶은가? 잘생기진 않았지만, 별명이 있는 배우가 되고 싶은가? 답은 너무나도 명확하다."

● 지역과 규모에 따라 매력적인 펜션 컨셉을 만드는 방법

명확한 컨셉을 만들었다고 해도 여행자들이 잘 찾지 않는 외딴 섬마을에 예쁜 펜션을 만들어 운영한다면 매출은 크게 늘지 않는다. 그러므로 펜션은 각 지역과 특성에 맞게 잘 어울리는 컨셉을 만들어서

운영해야 한다.

펜션을 운영하기에 가장 좋은 지역은 대도시가 인접한 지역이다. 예를 들어 가평이나 양평의 경우 서울 경기권에서 멀지 않은 지역이므로 커플 펜션, 단체 펜션, 가족 펜션, 애견 펜션 등 모두 잘 어울리는 지역이라고 할 수 있다. 하지만 현재 가평은 과열 경쟁으로 인해 좋은 위치임에도 많은 펜션들의 수익이 예전 같지 않다. 제주도는 전통적으로 여행 관련 사업에 투자하기 좋은 곳이지만, 이제 이곳도 예전 같지 않다. 수년 전부터 많은 투자가 이루어져 펜션과 유사 숙박 시설이 난립하게 되었으며, 중국인들을 대상으로 한 수많은 호텔이 들어선 상태이기 때문에 객실이 남아도는 현상이 발생하고 있다. 이제 더 이상 좋은 자리가 없는 것일까? 현재는 전국 어디나 경치가 좋다는 곳이라면 어김없이 펜션이 들어가 있다. 과열 경쟁 상태인 것은 확실하다. 하지만 과열 경쟁 상태 안에서도 좋은 컨셉을 만들어서 높은 수익을 올리는 펜션들은 곳곳에 있으며, 여전히 대박 펜션이 탄생했다는 말은 심심치 않게 들려오고 있다.

이제 커플, 단체, 애견, 가족펜션들이 어떤 위치에 어떤 형태로 운영이 되어야 좋은 매출을 올릴 수 있을지 설명해보려고 한다.

## 단체+워크샵 펜션

인근에 큰 도시가 여럿 형성되어 있다면 단체 워크숍 펜션의 컨셉이 잘 어울린다. 반대로 워크숍을 하기 위한 목적지가 출발지에서 점점 멀어질수록 펜션을 이용할 확률을 점점 떨어진다. 그리고 단체 펜션을 창업할 때는 대중교통이 편리한 곳이 좋다. 여행 멤버 중 모임에 늦게 오는 사람 또는 1박 2일 일정을 채우지 못하고 행사를 마친 후 저녁에 돌아가야 하는 사람들도 부담 없이 오고 갈 수 있는 곳이 유리하기 때문이다. 그래서 기차나 전철역 주변의 워크숍 장소가 인기를 끌고 있다.

단체 펜션은 커플 또는 가족형 펜션에 비해서 높은 매출을 만들어낼 수 있는데, 그 이유는 세미나실 대여, 노래방 대여, 바비큐와 조식 제공, 캠프파이어 등의 판매로 추가 수익을 올릴 수도 있기 때문이다.

그리고 펜션은 보통 주말 장사라고 하지만 기업의 워크숍이나 단합회 등은 평일에 이루어지기 때문에 주말은 가족 여행자들을 모객하고 평일에는 단체를 모객할 수도 있다.

단체 손님 중 소규모 그룹에게는 20만 원짜리 객실 또는 30만 원짜리 객실 등을 단품으로 판매할 수 있지만, 인원수가 50명~100명으로 늘어나게 되면, 인원수로 계산하는 경우도 있다.

예를 들어 1인 5만 원 패키지로 숙박+저녁 바비큐 세트+조식을 포함할 경우 100명을 수용한다면 500만 원의 매출을 낼 수도 있다. 또는 연회장과 바비큐장, 운동장 그리고 바비큐 식사를 포함해서 6~7시간 정도를 당일만 대여해서 당일 야유회 유치도 가능하다. 단, 이런 경우에는 일반음식점 사업자를 따로 내야만 한다. 최근에는 펜션에서 바비큐를 함께 판매하는 경우도 있지만, 아직 우리나라는 펜션에서 음식을 함께 판매하는 것이 허용되지 않는다. 하지만 무료로 손님에게 제공한다면 불법이 아니기 때문에 편법을 사용하기도 한다. 물론 필자는 법의 테두리 안에서 안정적인 사업을 하라고 조언한다.

## 커플 펜션

도심에서 가까운 곳에서 펜션을 운영한다면 어떤 형태의 여행자 그룹도 모객에 유리하다.

하지만 펜션 위치가 도시에서 멀고 주변 여행의 인프라가 없다면 될 수 있으면 커플 펜션으로 운영하는 것이 현명한 선택이다. 커플 여행자들은 대체로 다소 폐쇄적인 성향을 띄고 있다. 둘만의 장소, 둘만의 바비큐장, 둘만의 이벤트 공간을 찾기 위해 떠나온 사람들이다. 그들의 주된 목적은 둘만의 특별한 이벤트를 즐기기 위함이기 때문에 출발지에서 다소 떨어져 있다고 해도 커플이 즐기기 위한 인프라를 잘 구축해놓았다면 매출을 높일 수 있다. 커플여행자들을 주영업대상으로 한다면 프라이빗한 지역과 펜션의 구조를 갖추고, 객실의 퀄리티를 높이는 것이 우선이다. 그리고 주 영업대상을 집중적으로 모객하기 위해 20대부터 30대 초반의 취향에 맞추어 펜션을 꾸며야 한다. 결혼 적령기인 커플 여행자들은 신혼여행으로 가고 싶은 곳을 직·간접적으로 자주 접한 이들이다. 그들의 기대를 충족시키지 못한다면 커플 펜션으로 인기를 얻기 힘들다.

펜션을 운영하기 위해서는 다양한 컨셉이 있지만, 커플 펜션 전문이라면 인테리어에 많은 지출을 해야 한다. 하지만 투자 대비 높은 매출을 만들지 못하는 펜션들이 대부분이기 때문에 커플 펜션을 운영한다면 합리적인 투자를 하는 것이 매우 중요하다. 예를 들어, 남들과 잘 섞이지 않으려는 폐쇄적인 성향의 커플 여행자에게 공동의 공간은 무용지물이 될 수 있으니 카페와 같은 시설에는 투자하지 않는 것이 좋다.

교통이 그리 발달하지 않았던 옛날, 애인을 데리고 멀리 여행을 떠난 후, 차편이 끊겼다고 하고 어쩔 수 없는 1박을 해야 하는 연인들을 떠올리면 커플 펜션의 이미지가 더 쉽게 떠오르지 않을까?

### 가족 펜션

나에게 상담을 의뢰한 많은 분들이 가족형 펜션을 만들기 위해 준비 중이라고 한다. 그리고 그들은 이렇게 말한다.

"제가 만들 펜션은 가족이 찾는 펜션이기 때문에 화려함은 덜 해도 될 거 같습니다. 인테리어 비용은 좀 줄이고 깔끔하고 아늑한 집 같은 분위기로 펜션의 컨셉을 연출하려고 해요."

정말 아무것도 모르고 하는 말이다. 가족 여행자들은 아빠가 쉬는 날 주말에만 움직인다. 결국, 주말 장사만 해야 한다. 하지만 커플들은 평일에 움직이는 사람들도 있다. 만약 가족 펜션의 규모가 크다면 좀 더 큰 단체를 모객할 수 있는 분위기도 함께 연출해야 하며, 가족 펜션의 규모가 작다면 커플 여행자들도 함께 모객할 수 있도록 예쁘게 꾸며야 비수기 평일에 조금이라도 매출을 더 올릴 수 있다.

편안하고 조용한 분위기로 사업을 하겠다는 건 결국 소비자들의 눈 띄지 않는 연출로 영업을 하겠다는 것과 같다. 평범한 분위기로는 가족은 물론이고, 커플 여행자들도 끌어들이지 못한다. 일부러 커플 여행자 그룹을 배제하고 배짱 영업을 할 필요는 없다.

### 애견 펜션

수많은 펜션이 생겨나고 있는 펜션의 과열 경쟁 시대라고 해도 아직 해볼 만한 분야가 바로 애견 펜션이다. 애견 펜션은 아직 수요자보다 공급자의 수가 많지 않기 때문에 펜션 시설이 조금 낮더라도 모객이 수월한 편이다.

또한 펜션 관리의 어려움 등을 이유로 선뜻 애견 펜션으로 전환해서 운영하는 사업자는 많지 않다. 그러니 아직 애견 펜션은 충분히 경쟁력이 있다. 애견 펜션은 청결, 소음 등으로 펜션운영과 관리가 힘들 것 같지만 필자의 경험에 비춰보면 실상은 그렇지 않다.

반려동물을 여행지까지 데리고 올 정도로 반려동물에 애정을 갖고 있는 사람들은 본인의 반려동물을 대체로 잘 컨트롤한다. 그리고 사랑받는 반려견들은 밖에서 지내는 개들과 다르게 대부분 실내에서 지내기 때문에 심각할 정도의 소음을 만들지 않는다.

단, 애견 펜션을 운영할 때는 일반 펜션에 비해 여러 조항들을 눈에 띄게 잘 소개해야 한다. 홈페이지나 펜션 광고에 입실이 가능한 반려견의 크기, 목줄 사용, 시설 파손에 관한 조항, 체크아웃 등 여러 조항을 구체적으로 소개해야 운영이 좀 더 수월해진다. 그런 의미에서 애견 펜션 홈페이지는 객실을 소개하는 일반적인 펜션 홈페이지와 달리 애견샵이나 동물병원의 홈페이지와 같은 이미지가 연출된다면 판매율을 더 높일 수 있다. 간략히 소개한 이 내용을 다음 장에서 좀 더 쉽고 구체적으로 소개해보도록 하겠다.

### ● 매출을 높이기 위한 객실 수와 객실 크기 설정방법

펜션 창업을 준비하는 분들에게 창업의 목적을 질문하면 보통은 다음과 같이 답한다.

"삶이 좀 풍요로웠으면 좋겠습니다. 적당히 예쁜 펜션에서 어느 정도의 수익이 나오면 좋겠습니다. 예산이 그리 많지 않으니 객실은 5~6개 정도로 작게 만들려고 합니다."

이렇게 대답했다면 아직은 현실적인 부분을 제대로 체크하지 못하고 답한 경우라고 할 수 있다.

여유 있는 삶과 그 삶을 유지할 만큼의 적당한 돈을 벌어들이는 펜션은 실상 그리 많지 않기 때문이다. 투자 대비 비용을 생각한다면, 펜션에 투자하는 것은 합리적인 투자가 아니라고 할 수도 있다. 펜션 창업 시 들어간 비용 등이 워낙 크기 때문에 매년 본전 정도의 매출만 올리는 펜션이 허다하며, 심지어는 마이너스가 되는 펜션의 수도 매우 많다. 펜션은 쉽게 할 수 있는 사업이 아니다. 매우 어려운 사업이다. 그렇기 때문에 펜션 사업을 시작한다면 느긋하고 평안할 거라는 로망은 잠시 접고, 초반에는 무조건 목적과 컨셉을 명확하고 구체화시킨 후에 시작해야 한다.

펜션을 운영하며 대출 등에 관한 금융비용도 처리하며 괜찮은 수익을 내기 위해서는 적정한 객실 수를 보유해야만 한다. 덧붙여 설명하자면 숙박사업으로 돈을 벌기 위해서는 객실이 최소 8~10개 이상은 되어야 한다. 물론 그만큼 창업비용도 높아지게 된다. 객실이 왜 10개 정도는 되어야 하는지는 간단하게 계산해도 답은 쉽게 나온다.

광고와 홍보를 잘하는 펜션의 경우 겨울과 3월과 같은 극비수기를 제외하고 주말은 거의 객실을 채울 수 있다(수준이 심각하게 낮거나 광고에 전혀 투자하지 않는 펜션은 예외다). 객실이 10개 정도는 되어야 한다고 말하는 이유는 다음과 같다. 보통 펜션을 주말 장사라고 한다. 예를 들어 13만 원 정도 하는 객실을 주말 10개를 다 채우면 130만 원이고, 4주면 월 520만 원이다. 좀 더 펜션 운영을 잘하는 경우 금요일에도 절반 이상을 채우는 펜션도 있다. 물론 금요일에 절반 이상을 채우는 펜션은 가족형 펜션보다는 커플 펜션이 좀 더 유리하다.

만약 금요일에 절반을 채울 수 있다면 약 10만 원 × 5객실 = 50만 원이다.

한 달이면 200만 원. 즉, 한 달 동안 주말 520만 원, 금요일 절반을 채워서 200만 원, 총 합계 720만 원의 매출을 낼 수가 있다(더 잘되는 펜션은 비수기 평일에도 한두 방을 꼭꼭 채우는 경우 펜션도 있다). 이런 식으로 객실을 판매했다면 금융비용과 관리비, 광고비를 제외하고도 약 400~500만 원 이상의 이익을 만들 수가 있다. 하지만 객실이 5개로 떨어지면 이의 절반인 360만 원이다. 하지만 360만 원의 이익이 안 될 가능성은 더 크다. 매출이 적은 펜션은 광고에 재투자하기 힘들기 때문에 상황은 더 안 좋아질 수도 있다.

몇억 원을 투자해서 만든 사업장(펜션)에서 360만 원의 매출은 터무니없이 낮은 매출이며, 투자 대비 이익도 너무 낮은 현명하지 못한 투자라고 할 수 있다. 그리고 이런 매출로는 제대로 생활을 하기에도 분명히 부족하다. 360만 원의 매출에서 금융비용을 제외하고 관리비, 광고비 등을 뺀다면 결국 내 인건비도 안 남는 경우가 허다하다. 그래서 펜션 사업은 성수기, 연휴, 주말 등 특별한 날에 최대한 많은 매출을 낼 수 있도록 객실을 10개 정도로 늘려놓는 것이 유리하다. 평일에 여행하는 사람들을 잡으면 되

● 금요일엔 아빠가 쉬지 않으니 가족 여행을 떠날 수 없다. 그래서 가족 전문 펜션은 금요일을 채우기 만만치 않다.

지 않겠느냐고 질문하는 사람들도 있다. 하지만 평일에 여행하는 사람들의 수는 주말에 비해 매우 적다. 그리고 평일에는 경쟁 펜션들도 텅텅 비어 있기 때문에 소비자의 선택 폭이 넓어지게 된다. 결국, 칼자루는 소비자가 쥐게 되기 때문에 과열경쟁의 펜션들은 가격경쟁으로 모객하려고 한다. 이미 여러 소셜커머스 등에서 그런 현상들이 나타나고 있다. 결국, 평일에는 객실의 제값을 받기가 매우 힘들게 되었다. 그러므로 펜션에 컨셉도 없이 평범한 객실을 보유한 곳은 가격을 아무리 낮추어도 평일에 객실을 채우는 일은 거의 불가능하다.

그러므로 앞에서도 말했듯이, 평일에 한 방이라도 채우려면 전체 객실 중 적어도 1개 정도는 소비자들의 눈을 사로잡을 만한 특별한 방을 만들어야 한다. 주말 가격이 40만 원짜리를 50% 파격 할인을 해서 20만 원으로 판매해도 한 달이면 적지 않은 이익이 된다. 20만 원짜리 객실을 한 주 평일에 3번을 채우면 60만 원이고, 4주면 240만 원이 된다. 그러므로 앞서 책에서 소개한 쇼룸은 반드시 있어야 한다.

얼마 전에 펜션 건축을 하려는 분과 상담을 했다. 그분의 계획은 이러했다. 전체 객실 10개 중 5개 작은 원룸형, 3개는 복층형, 2개는 단체 가족룸을 만들 것이라고 한다. 두루두루 모든 여행자를 모객하겠다는 생각이다. 하지만 이런 형태라면 복층룸과 가족룸 외에 원룸형은 객실 가격을 거의 최저가로 내리지 않는 한 판매하기 매우 힘들다. 인터넷이 없던 과거에는 좋은 숙소를 찾아내는 것이 힘들었겠지만, 지금은 스마트폰으로 1분만 검색해도 최저가의 괜찮은 방을 쉽게 찾아낼 수 있다. 그런 시대에 여행자들의 욕구를 충족시켜주지 못하는 작은 원룸형을 만든다는 것은 현명하지 못한 생각이다. '원룸형'이라는 객실 구조와 이미지는 소비자들에게 어필할 수 있는 이미지가 아니다. 오히려 작고 답답한 부정적인 이미지를 전달할 수 있다.

그리고 펜션 창업예정자들을 만나 이야기하다 보면 객실을 복층 객실로 꾸미려는 분들이 매우 많다. 온돌 형태의 주택에 익숙해진 대부분의 한국 사람들의 눈에 복층 객실 형태는 매우 독특하게 느껴질 수 있기 때문이다. 하지만 그것도 이젠 옛날이야기다. 복층 형태의 디자인은 이미 십여 전부터 유행했던 형태이기 때문에 이제는 복층 객실로 꾸며서 이색적인 펜션이라고 소개하기엔 무리가 있다. 하물며 복층 객실도 평범하게 느끼는 눈 높은 소비자를 상대하기 위해 수준을 맞추지는 못 할지언정 5~6평 정도로 답답한 기숙사 같은 원룸형 객실을 만들어서 판매하려 한다는 건 현명하지 못한 생각이다. 그런 식으로는 많은 돈을 들여서 창업해도 결국 외면받게 된다. 이미 그런 작은 원룸형 객실은 펜션 사업이 발달하기 시작하면서 전국에 수천 개의 객실이 만들어졌다. 그렇기 때문에 원룸형 객실은 소비자들이 긍정적인 이미지를 느낄 수 있는 이미지의 객실로 변신시켜야 한다. 객실은 너무 작지 않게 만드는 것이 중요하며, 설령 작은 객실일지라도 판매를 하기 위해 꼭 주목받을 만한 룸으로 만들어야 한다. 커플룸 또는 이벤트룸이라는 이미지를 만들고 그 객실 안에서 커플들이 이벤트 또는 특별한 무엇을 즐기기 편한 방이라는 이미지를 심어줘야 한다.

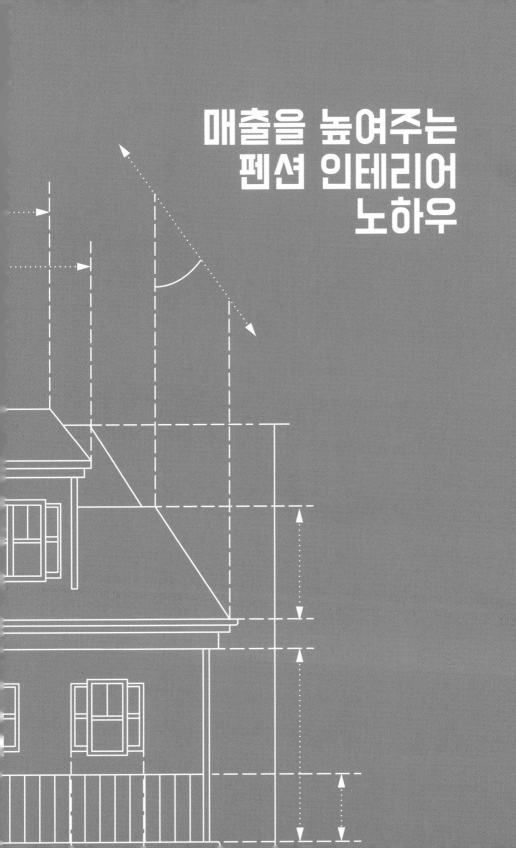

매출을 높여주는
펜션 인테리어
노하우

# • Chapter 5 •

# ● 매출을 높여주는 펜션 인테리어 노하우

● 여행자들에게 펜션에서의 하룻밤은 특별한 하루다. 출장길에 지방에 왔다가 대충 하룻밤을 묵기 위해서 찾는 여관이 아닌, 이벤트가 있는 특별한 하룻밤이다. 어떤 이에게는 프러포즈를 하는 날이 될 수도 있고, 또 어떤 이에게는 1년 만에 가족과 함께 떠나는 특별한 날이 될 수도 있다. 그렇기 때문에 그들이 하룻밤을 이용하는 펜션은 특별한 날에 어울려야 한다. 하지만 많은 펜션들이 그 기본을 잊고 마치내 집 안방처럼 객실을 적당히 예쁘게 연출해놓는다. 안방 같은 분위기가 안 좋다는 것은 아니다. 하지만 여행자 입장에선 특별한 하루가 되어야 하는 날임에도 매일 잠자고 생활하는 곳과 거의 비슷한 곳에서 잠을 잔다면 여행의 특별함은 분명히 희석된다. 펜션은 우리 집 안방처럼 꾸며선 안 된다.

많은 사람들이 펜션을 신축하거나 리모델링할 때 친분이 있는 집 짓는 전문가에게 의뢰하는 경우가 많다. 결과적으로 그런 건축물은 난

방도 잘 되고 매우 튼튼한 집이 될 수는 있으나 손님을 끌지 못하는 디자인이 될 확률이 높다. 그래서 일반 주거용 빌라를 많이 만든 회사보다는 펜션과 호텔 건축이나 인테리어 그리고 상업 인테리어를 많이 해본 건축(인테리어)회사와 함께 일하기를 권한다. 리모델링을 할 경우에도 마찬가지다. 집을 전문적으로 짓는 회사가 아닌 카페, 식당, 술집 등 상업 인테리어를 전문으로 하는 인테리어 전문가에게 일을 맡기는 것이 영업하기 좋은 디자인이 나온다. 펜션은 집이 아니다. 차라리 예쁜 카페나 유명 부티크 호텔처럼 만드는 것이 더 유리하다. 펜션은 숙박업이라는 고정관념을 버리고 예쁜 카페를 운영한다는 마음으로 디자인해야 한다.

## ● 20~30대가 좋아하는 호텔을 베껴라
### (펜션 인테리어 벤치마킹 대상 찾기)

앞서 펜션은 부티크 호텔이나 카페처럼 만들어져야 한다고 설명했다. 이번 장에서는 좀 더 구체적으로 알아보도록 하자.

펜션 건축 전 또는 인테리어 전에 무엇을 벤치마킹해야 할까? 건축물을 벤치마킹하기 전에 먼저 펜션 여행을 하는 주 소비층을 찾아야 한다. 펜션의 컨셉과 디자인은 결국 소비자들이 원하는 형태로 만들어져야 하기 때문이다. 소비자들이 북유럽풍의 펜션을 원하면 북유럽풍으로 디자인해서 노출하면 더 판매가 잘 될 것이고, 젠스타일을 원하면 흑과 백으로 깔끔하게 디자인해서 노출하면 판매가 유리해질 것이다. 즉, 펜션의 인테리어는 내가 좋아하는 스타일이 아닌, 소비자의 눈높이를 맞추는 것부터 시작해야 한다.

펜션으로 여행을 떠나는 사람들의 연령층 중에서 가장 큰 소비층은 20대 중후반부터 30대 후반 정도가 된다. 우리는 이들의 눈높이를 맞추어 인테리어를 해야 한다. 그들은 만난 지 100일, 200일, 1주년 기념부터 발렌타인데이, 크리스마스, 프러포즈, 신혼여행, 결혼 1주년, 2주년 등 기념일 여행을 가장 많이 챙기는 연령층이다. 그리고 그들은 숙박료를 아까워하지 않고 지출한 경험이 있거나, 그럴 계획이 있는 사람들이다. 바로 신혼여행이다. 개인 풀빌라, 럭셔리 리조트, 호텔의 스위트룸, 허니문룸 등 1박 요금이 매우 높은 호텔을 선택해서 특별한 날을 위해 기꺼이 지출한다. 바가지를 썼다고 생각하지 않고 지불한다.

그런 럭셔리한 숙소를 경험할 예정이거나 경험을 해본 소비자들은 오랜 시간 호텔에 대해서 검색해보며 관심을 가져왔기 때문에 소비자 스스로 적정 숙박료를 매우 잘 인지하고 있다. 우린 그런 깐깐하지만, 감각적인 숙소를 찾는 사람들을 상대해야만 매출을 올릴 수 있다.

그런데도 그저 아늑함과 깔끔함을 앞세워 펜션 영업을 하겠다는 것은 너무나도 초보 사장다운 발상이 아닐 수 없다. 그러므로 질 먹고 잘사는 시대에 태어나 여행에 관련한 많은 경험을 쌓은 젊은 층을 공략하려면 그들이 아낌 없이 숙박료에 지출하는 숙소(허니문을 위한 럭셔리호텔)를 벤치마킹해야 한다. 실제로 최근 소비자들에게 인기를 얻고 있는 펜션들은 펜션이라는 단어만 붙였을 뿐, 럭셔리 호텔에 더 가까운 디자인을 한 곳들이 많다. 즉, 펜션이 아니라 해외의 부티크 호텔을 벤치마킹해야 한다.

대한민국의 젊은 20~30대가 선호하는 부티크 호텔을 찾고 벤치마킹하는 방법은 어렵지 않다. 허니문 전문 여행사의 홈페이지를 보는 것만으로도 충분하다. 전체적인 인테리어 디자인, 조명, 가구 등 거의 모든 아이디어를 얻을 수 있다. 허니문 전문 여행사 홈페이지에 노출된 수많은 객실 중 상위에 노출된 객실들이 현재 젊은 층이 하루 50~100만 원 이상을 아낌없이 지불하는 그런 객실이다. 바로 그 객실들이 펜션의 주 고객층이 좋아하는 분위기다. 물론 유명 호텔들을 직접 둘러 보고 투숙해보는 것은 매우 좋은 경험이 될 수 있다. 펜션은 집 같아서도 안 되고 펜션 같아서도 안 된다. 펜션은 부티크 호텔처럼 만들어져야 한다(주변 환경 등에 따라 자연 친화

● 숙박업 관계자들과 함께 떠난 인도네시아의 발리 호텔 인스펙션. 여름 성수기가 끝난 후 극비수기가 찾아오면 카페 회원들이나 나의 컨설팅을 받은 수강자들과 함께 해외 호텔 시찰을 떠나곤 한다.

적인 건축물이 어울리는 경우도 있다). 그리고 더 주목받고 차별화된 펜션을 만들기 위해서는 호텔처럼 만들어진 객실 안에 사장의 취향을 느낄 수 있는 이미지가 만들어진다면 더없이 멋진 객실이 될 수 있다.

## ● 예약률을 높여주는 객실 인테리어 노하우

사람과의 만남과 여행에 포커스를 맞추고 떠나는 게스트하우스 여행자들과 달리 펜션을 숙소로 하는 여행자들의 성향은 좀 더 폐쇄적이다. 더 비싼 요금을 지불한 만큼 자신들의 공간이 확보된 곳에 더 만족감을 느낀다. 그러므로 펜션을 운영할 때 여행자에게 프라이빗한 공간을 제공하는 것은 펜션 객실을 꾸밀 때 가장 중요한 요소가 된다.

펜션 여행자들을 위한 객실을 어떻게 꾸밀 것인가?

객실 인테리어를 할 때 여유가 있다면 모든 객실을 멋지게 꾸미는 것도 좋겠지만, 그렇게 할 수 없다면 특별한 방 하나를 만들어야 한다. 앞서 곰인형 펜션 사례에서 설명한 '쇼룸'이다. 그 쇼룸이 내 펜션의 메인 얼굴이 되므로 쇼룸은 매우 신경 써서 꾸며놓아야 한다. 쇼룸이 있어야 펜션의 이미지를 만들고 소비자들의 이목을 집중시킬 수 있다. 쇼룸 외의 다른 방들은 주말이나 성수기에는 채울 수 있는 방들이다.

쇼룸은 그저 예쁘고 독특하게만 꾸밀 것이 아니라 인터넷에 노출했을 때 유리하도록 꾸며야 한다. 디자인 감각이 그리 뛰어난 사람이 아니라면 차라리 멋진 호텔룸의 디자인을 그대로 따르는 것이 좋다.

여행자들이 펜션 문을 열고 방으로 들어갔을 때 평소 자주 접했던 방의 이미지가 느껴지는 것보다는 해외의 호텔에 들어온 듯한 느낌이나 평소 접해보지 못했던 느낌을 받도록 해야 한다.

호텔룸의 분위기와 일반 가정집, 그리고 펜션룸의 이미지를 크게 결정짓는 부분은 바닥, 벽, 조명의 역할이 가장 크다. 그리고 여러 소품으로 분위기를 유행에 따라 달리 배치할 수 있다.

간혹 필자가 컨설팅했던 레지던스, 중형 리조트나 펜션 객실의 부엌을 보면 내가 살고 있는 아파트의 부엌보다도 큰 경우가 있다. 찬장은 수십여 명이 사용할 수 있는 그릇을 가득 담아 벽에 달아놓았다. 그리고 디자인을 고려하지 않은 넓고 큰 싱크대와 조리대가 들어가 있는 경우가 있다. 하지만 객실에서 1박 2일 동안 머무르는 사람은 고작 2~4명 정도밖에 되지 않는데 그렇게 큰 것을 설치할 필요는 없다. 객실을 멋지게 꾸며주는 디자인도 아니고 돈도 많이 들어가는 불필요한 시설들이다.

펜션 객실 내에서는 간단한 조리를 할 수 있는 예쁘고 작은 싱크대가 들어가는 것이 좋으며, 불필요하게 큰 찬장도 필요 없다. 차라리 그 찬장을 떼어내고 선반 작업을 해서 인형이나 소품을 올려놓고 조명을 비추는 것이 더 멋져 보일 것이다. 쉽게 놓치고 지나가지만, 펜션에서는 불필요한 시설과 소품들이 설치된 사례가 너무나도 많다. 또 다른 예가 신발장이 될 수도 있다.

과연 펜션의 현관에 신발장이 필요할까? 아직도 많은 펜션이 2~4명이 찾는 객실임에도 큰 신발장을 현관에 설치하는 경우가 많다. 미적인 부분도 해칠뿐더러 설치비용도 더 들어가게 된다. 이런 건 없어도 무방하다. 이런 부분이 펜션 객실을 꾸밀 때 많은 사람들이 놓치고 지나가는 것들이다.

## 객실의 동선

노골적으로 이야기하자면 펜션 객실의 동선은 크게 고민하지 않아도 된다. 펜션 객실은 장기 거주를 위한 목적이 아니다. 일상탈출을 위한 독특한 하룻밤 즉, 이벤트를 즐기기 위한 곳이기 때문에 동선을 고려한 거주의 편의성보다 독특한 객실을 만드는데 신경 써야 한다.

## 펜션 객실의 출입문

여행자는 펜션에 들어선 후 전체적인 펜션의 외관을 살펴본 다음 객실의 출입문과 마주하게 된다. 그 첫 순간부터 소비자에게 독특함을 전달해야 한다. 하지만 펜션 출입문을 보면 아파트에서 흔히 볼 수 있는 단단한 방화문을 설치한 곳들이 많이 보인다. 방화문은 독특한 펜션의 이미지를 표현하는 데 방해가 되는 요소다. 아파트 주거형태가 대부분인 우리나라 사람들 입장에서 보면 매일 집을 드나들며 수백 번 수천 번을 마주한 방화문을 보고 감흥을 느낄 사람은 거의 없다. 단지 우리 집 아파트와 똑같은 방화문이 펜션 현관문에 붙어 있는 것뿐이다. 설령 펜션의 건축형태 때문에 어쩔 수 없이 방화문을 설치해야만 할 경우라면 방화문에 필름 작업이나 그 외 작업을 해서 평범한 방화문의 모습을 최대한 감출 수 있도록 해야 한다.

## 벽 꾸미기

● 독특함이 묻어나는 펜션의 객실 출입문

객실의 벽면은 객실 연출의 가장 기본적인 요소가 되기 때문에 매우 신경 써야 한다. 가정집에서 많이 사용하는 밋밋한 벽지를 바르고 세련된 호텔 객실처럼 꾸미기는 매우 힘들고 황토 벽지를 사용해서 바른 후 북유럽풍 방으로 꾸미기 힘들다. 어떤 그림이 나올지는 먼저 어떤 재료를 사용하느냐에 따라 달라지는데 그 기본인 도화지가 바로 벽이라고 생각하면 된다.

앞서 펜션 객실은 우리 집 안방처럼 꾸며져서는 안 된다고 설명했다. 하지만 아직도 많은 펜션의 벽면에는 평범한 디자인의 하얀색 벽지가 발라져 있는 경우가 많다. 디자인이 좋지 않은 펜션 사장에게 왜 평범하고 밝은색의 벽지를 사용했느냐고 질문하면 대부분 깔끔해 보이고 더 넓어 보이기 때문이라고 답한다. 하지만 아무리 밝은색의 벽지를 사용한다고 해도 10평짜리 객실이 15평으로 보일 리 없다. 그저 아주 조금 더 넓어 보일 뿐이다. 그럼 소비자 입장에서 객실을 선택하는 기준을 살펴보자.

객실 예약을 염두에 두고 있는 소비자 입장에서 객실 선택의 기준을 생각해보자. 10평짜리 객실을 선택할까? 아니면 12평짜리 객실을 선택할까? 단체 여행자가 아닌 이상 크기로 결정하지 않는다. 결국, 조금 더 넓다고 12평짜리를 선택하는 것이 아니라, 좀 더 작더라도 예쁜 객실을 선택하게 된다. 그러니 벽면의 색감을 고를 때는 환하게 넓게 보이려고 고집할 것이 아니라 더 과감하고 독특한 디자인, 색을 사용해야 모객에 유리해진다.

● 과감한 벽 색상을 사용한 펜션 객실

인테리어 전문 업체에 펜션 객실 인테리어를 맡길 경우 건축주의 특별한 주문이 없다면 인테리어 회사는 객실을 멋지게 만들기 위해 실내 사방면을 모두 채워서 인테리어를 한다. 하지만 펜션 인테리어는 조금 달라야 한다. 물론 방 전체가 화려하고 멋지게 꾸며진다면 펜션 이용객 입장에서는 매우 만족스럽겠지만, 펜션 인테리어는 객실의 모든 벽면을 채워서 인테리어할 필요가 없다. 인테리어 비용은 공사 인력 비용과 자재 비용이 얼마나 들어가

느냐에 따라 큰 차이가 나기 때문에 꼭 필요한 부분에 집중해서 인테리어해야 한다.

펜션의 객실 사진들을 보면 객실의 이미지를 잘 나타내는 베스트 컷이 있다. 보통 베스트 컷은 객실 문을 열고 들어와서 방 안을 둘러봤을 때 가장 멋스러워 보이고 안정감 있어 보이는 공간이 된다.

● 예시 사진 A : 안정적인 구도의 객실 사진

그리고 예시 사진 A 와 같은 사진을 촬영 후 잘 편집해서 홈페이지나 블로그, SNS 등 인터넷에 지속해서 노출시킨다. 대부분의 펜션은 객실 내 사방의 벽면을 모두 보여주는 경우는 거의 없다. 홈페이지의 사진을 보면 장점이 되는 부분을 극대화해서 보여주며 단점이 되는 부분은 노출을 최소화해서 보여준다. 그렇기 때문에 장점이 되는 벽 또는 사진 촬영을 할 때 멋지게 나올 수 있는 부분만 더 도드라지도록 인테리어해야 한다. 촬영되지 않는 공간은 굳이 비용을 들여가며 인테리어할 필요가 없다. 펜션 여행을 준비하는 소비자는 결국 인터넷에 노출된 몇몇 사진만 보고 예약 여부를 결정하기 때문에 펜션 인테리어는 객실 사진 촬영을 염두한 인테리어를 해야 합리적인 인테리어라고 할 수 있다.

## 조명

조명은 평범한 객실을 가장 합리적인 비용으로 빠르고 효과적으로 바꿀 수 있는 매우 중요한 요소다. 그렇기 때문에 펜션의 조명 설치는 그저 객실 내부를 밝게 만드는 용도가 아닌 객실을 더욱 독특하고 아름답게 연출하기 위한 용도로 설치되어야 한다.

가정집의 방을 보면 천정의 정중앙에 큰 형광등을 달아 방 전체를 밝게 비춘다. 그렇게 하는 이유는 주택의 안방은 생활하기 위한 공간이기 때문이다. 방 안에서는 독서도 하고 여러 집안일을 한다. 하지만 펜션 객실은 오랜 시간 거주하는 용도의 집이 아니다. 투숙객은 하루나 이틀 정도만 머물며, 펜션 안에서 여러 가지 일을 하지도 않는다. 그러므로 안방과 같이 천장 정중앙에 조명을 달아서 환하게 방을 비출 필요가 없다. 민낯을 드러내듯 객실 전체를 밝게 만들면 은은한 색감의 예쁜 객실로 꾸미기 힘들기 때문이다. 해외의 부티크 호텔들의 객실을 보면 이해가 더 빠를 것이다.

● 예시 사진 B : 유명 호텔의 객실 조명

해외여행을 하며 여러 호텔에 투숙해본 경험이 있는 사람들은 잘 알겠지만, 호텔 객실 중 천정 중앙에 밝은 조명을 달아서 객실 내부가 속속들이 보이도록 한 곳은 거의 없다. 천정에 조명이 없는 경우가 대부분이며, 있더라도 비상용 조명이나 포인트 조명 몇 개 정도가 전부다. 호텔에서 이렇게 조명을 단 이유는 서양의 주거문화와도 관련이 있지만, 그보다 더 큰 이유는 객실을 더욱 아름답게 연출하기 위함이다. 잘 만들어진 부티크 호텔은 창을 통해 들어오는 빛을 이용해서 객실 분위기를 연출하고, 밤에는 그에 어울리는 조명을 이용해서 의도한 부분을 비추며 멋지게 연출한다.

만약 예시 사진 B의 객실에 메인 조명을 천정에 달아놓았다면 사진과 같은 은은하고 로맨틱한 분위기는 연출하기 힘들 것이다.

조명을 사용하는 방법은 작은 소극장의 무대를 떠올리면 이해가 쉽다.

무대에 주인공이 한 명 있다고 가정하자. 만약 조명이 무대 전체를 비추고 있다면 관객의 시선을 집중시키기 어려워진다. 반대로 주인공만 밝게 비추고 그 외 부분은 어둡게 처리한다면 관객의 시선을 주인공에게 집중시키기가 더욱 쉬워진다. 객실도 이와 같은 효과를 이용해서 연출할 수 있다. 내가 보여주고 싶은 부분을 주인공이라고 하고 그 부분을 집중해서 비추며, 주인공을 방해하는 요소는 어둡게 처리한다. 그리고 밝은 부분과 어두운 부분의 빛의 경계가 만들어지도록 한다.

● 빛을 무대에 있는 주인공에게만 비치게 할 경우, 관객은 더욱 집중하게 된다.

이처럼 연출하기 위해서는 객실의 조명은 전체적으로 조도를 많이 낮춰 명암의 대비를 강하게 만드는 것이 좋으며, 백색 조명보다는 노란색 불빛이 더욱 따뜻한 느낌을 주기 때문에 조도가 낮고 노란색 조명을 사용하는 것이 좋다. 물론 모든 객실이 이처럼 조명을 바꿔야 하는 것은 아니지만, 대부분 이처럼 만들면 객실 분위기는 더욱 살아난다. 좀 더 부연 설명을 하자면 침실, 소파, 테이블을 비추는 조명을 설치할 때는 객실 전체의 주변의 조도를 낮추고 조명의 컵(갓)은 좁고 긴 것을 선택해서 원하는 부분만 강조해서 비추면 된다. 마치 극장의 무대 중앙에 서 있는 주인공을 비추는 조명을 떠올리면 이해가 빠를 것이다. 조명의 빛을 받는 부분도 신경써야 하는데, 조명이 더욱 잘 받도록 하기 위해서는 유광 벽지보다는 무광이 좋다.

● 원하는 부분만 비추기 좋은 갓 조명

## 바닥

일반 주택의 바닥에 많이 까는 장판. 즉, 노랗고 황토색의 밝은 장판은 절대 피해야 한다. 앞서 설명한 대로 집처럼 보이면 모객이 매우 불리해지기 때문이다. 그럼에도 불구하고, 많은 펜션이 외관은 멋지고 독특하게 꾸며놓고도 객실은 그저 평범한 안방처럼 만들어놓는 경우가 많다. 바닥은 가급적이면 단단한 타일 형태로 어두운색을 깔면 객실을 연출하기 좀 더 유리해진다. 어두운 바닥은 더 안정적인 느낌을 만들 수 있으며, 어두운 바닥 위에 러그를 깔아 난방과 다채로운 연출에 도움을 줄 수 있다. 또한, 어두운 바닥은 조명을 받을 때 더욱 은은한 느낌을 연출하기 쉽다. 물론 펜션의 분위기에 따라 바닥을 화이트톤으로 꾸밀 수도 있다. 하지만 화이트톤은 벽과 소품, 조명 등을 잘 꾸며놓지 못하면 산만한 느낌이 들기 쉽고 고급스러운 분위기를 연출하기 어려워질 수 있다. 인테리어 전문가들은 화이트톤의 바닥으로도 멋진 연출이 가능하지만, 객실 연출의 경험이 없다면 어두운색 바닥이 좀 더 꾸미기 수월하다.

## 조경과 차경

"우리 펜션은 경치(또는 조경)가 아름다워서 펜션으로 여행온 분들이 경치에 감탄합니다."

펜션을 컨설팅차 방문하게 되면 이런 이야기를 펜션 운영자에게 참 많이 듣는다. 물론 나도 이런 이야기에 공감하며 경치를 감상하기도 한다. 하지만 아쉽게도 펜션 여행자들은 경치와 조경에는 의외로 큰 의미를 두지 않는다. 경치는 펜션을 더욱 멋스럽게 만드는 장점이기도 하지만 펜션 이용자들은 대부분 경치가 아닌 다른 목적을 갖고 찾아오기 때문에 그 목적만 채울 수 있다면 경치나 그 외 요소들은 크게 신경 쓰지 않는다. 커플 이벤트 또는 워크숍, 야유회 행사 진행 등이 그 목적이 된다. 그런데 그들의 목적에 경치 감상은 없다. 좋은 경치는 꼭 펜션에 와야만 볼 수 있는 것이 아니기 때문이다. 그들은 오로지 내 객실과 바비큐장, 테라스, 월풀욕장 등 자신들의 공간에 더 많은 관심이 있다. 그래서 될 수 있으면 조경에 많은 투자를 하는 것은 지양하는 것이 좋다. 만약 꼭 조경에 투자해야 하는 상황이라면 조경이 발달한 일본의 료칸 등을 벤치마킹하는 것도 좋다. 마당 안을 마치 작은 숲속처럼 바위와 많은 나무, 그리고 작은 연못까지 아기자기하게 집어넣는 일본의 조경 기술은 우리나라보다 더 발달했다.

우리나라의 전통 한옥은 어떻게 집을 더 돋보이게 꾸몄을까? 예로부터 우리나라는 조경보다는 '차경'이란 말을 많이 썼다. 마당을 깨끗하고 반듯한 사각형으로 비워두었고 창문을 열어 창문 밖의 경치를 바라보기를 즐겼다. 즉, 아름다운 경치를 내 마당 안에 가둬두지 않고 경치를 빌려 쓴다고 해서 '차경'이란 말을 사용했다. 선조들이 사용했던 이 단어는 참으로 멋진 말이 아닐 수 없다.

하지만 이제 우리나라의 건축물들을 보면 자연과 어우러진 집을 찾아보기 힘들다. 차경이란 단어는 현대 건축에서 거의 찾아볼 수가 없게 된 것이다. 오직 객실의 화려함만을 내세워서 건축하고 있으며, 그러한 건축물들이 소비자들의 주목을 받는 시대가 되었다. 돈을 벌기 위해 어쩔 수 없는 선택(건축)이지만, 그래도 마음속으로는 더욱 한국적이고 멋스러운 한옥이 많이 만들어지고 그런 건축가가 많이 만들어지길 기대하고 있다.

● 한옥의 멋을 잘 살린 경기도의 한옥 호텔

## 펜션 인테리어 핵심정리

- 펜션은 집처럼 만들어지면 안 된다.
- 펜션은 호텔을 벤치마킹해라.
- 벽, 바닥, 조명을 과감하게 꾸며야 한다.
- 사진 촬영을 염두에 둔 인테리어를 해야 한다.
- 조경과 차경이 펜션 예약률에 미치는 영향은 크지 않다.

## 사례.

필자에게 컨설팅을 받은 무주의 G펜션은 낡고 오래된 펜션을 인테리어 공사 없이 다음과 같이 변화를 주었다. 전과 후의 사진은 같은 객실이며 전) 사진이 마치 80~90년대 초반의 여관같은 이미지라면 후) 사진은 감각적인 호텔의 이미지에 가깝다. 대대적인 공사를 할 수 없었기 때문에 그저 도배지를 바꾸고 조명을 바꿔서 조도를 낮춘 후 빛의 경계를 만들어 이러한 변화를 만들었다. 같은 객실이지만 색감의 변화만으로도 충분히 변화를 줄 수 있다(무주 G펜션은 예산이 넉넉하지 않은 상황이었기 때문에 바닥은 그대로 두고 작업했다).

● 무주 G펜션의 도배지와 조명 변경 전

● 무주 G펜션의 도배지와 조명 변경 후

chapter 5. 매출을 높여주는 펜션 인테리어 노하우

매력적인
펜션의 컨셉을
널리 알리자

● Chapter 6 ●

# ● 매력적인 펜션의 컨셉을 널리 알리자

## ● 펜션 영업의 전부는 온라인에 있다

책의 서두에서 소개했듯이 펜션은 인터넷 쇼핑몰이라고 생각하고 운영해야 한다. 펜션 객실이 판매되는 과정을 보면 인터넷 쇼핑몰의 제품 판매과정과 매우 흡사하다. 모든 영업은 인터넷에서 이루어진다. 펜션은 신발가게처럼 손님을 마주할 기회조차 만들어지지 않는다. 고객에게 인터넷에 소개한 몇 장의 사진과 몇몇 후기를 보여주고 결제하도록 유도해야 한다. 고객과 얼굴을 마주할 수도 없고, 스킨십으로 친밀도도 높일 수 없다. 그러니 홈페이지의 사진이나 광고 사진이 임펙트가 없다면 아무리 실제의 모습이 멋지다고 해도 예약은 이루어지지 않는다. 이 얼마나 힘든 영업방법인가? 참 어려운 영업방법으로 돈을 벌어야 하는 사업이 바로 펜션 사업이다. 식당이나 카센터처럼 현수막이나 전단지를 뿌릴 수도 없고, 나레이터 모델을 써서 동네가 떠나가도록 떠들 수도 없고, 가게 앞에 입간판을 세울 수도 없다. 펜션을 소비자들에게 노출시킬 수 있는 방법은 오직 인터넷을 활용하는 방법이 전부다. 그런데도 인터넷 노출에 투자하지 않겠다는 것은 영업 활동을 하지 않겠다는 것과 같다.

펜션 영업은 인터넷 광고가 전부라고 해도 과언이 아니다. 그리고 펜션 상품은 여행업에 속한다. 펜션 상품은 여행 상품과 마찬가지로 재구매율이 매우 떨어지는 상품 카테고리 중 하나다. 즉, 손님 입장에서는 한 번 여행 다녀온 곳을 또다시 찾아갈 일이 매우 낮다는 것이다. 결국, 우리는 매번 뜨내기손님들을 상대해야 하는 세일즈 방식을 취해야 한다. 그런데 뜨내기손님들이 펜션 상품의 구매를 결정지을 공간은 거의 인터넷뿐이다. 이들 대부분은 직접 펜션에 찾아와 시찰하고 예약하지 않는다. 그러니 인터넷에서 보이는 모습에 최선을 다해 투자하고 멋지게 표현하고 노출해야 한다. 펜션 영업의 우선순위를 잘못 결정해 실패한 사례는 내 주변에서도 종종 일어난다. 얼마 전 경기도에서 약 25억 원 이상을 투자해서 고급 풀빌라를 건축한 사장이 있다. 펜션 사장은 객실이 너무나도 화려하기에 입소문이 금방 날 것이라고 생각하고 오직 펜션의 시설 투자에 집중하고 나머지 부분에는 그저 '기본 이상만 하자'는 마음으로 만들어놓고 창업을 했다. 펜션의 홈페이지 가격은 100~1,000만 원 이상 다양한 가격대가 있다. 하지만 그 사장은 홈페이지는 구색만 갖추면 된다는 생각으로 너무나도 평범하게 만들게 되었다. 그리고 자신감 때문인지 홈페이지가 노출되기 위한 광고 비용도 펜션 투자 비용에 비례하지 않는 매우 적은 금액으로 광고를 했다. 결국, 그 화려한 펜션은 개업 6개월 만에 대출이자도 못 갚을 정도로 심각한 경영난을 겪게 되었다.

전국에 펜션의 수는 이미 약 3만 개에 달한다. 너무나도 많은 펜션이 경쟁하며 서로 노출시키고 있다. 온라인 광고 노출을 소홀하게 하는 펜션이 소비자들의 눈에 띌 확률은 거의 없다. 그렇기 때문에 홈페이지와 광고에는 충분한 투자가 이루어져야 성공적인 운영이 가능하다. 설령 펜션 창업비용이 여의치 않아 객실 일부를 완공하지 못하더라도 홈페이지와 광고 노출에는 과감한 투자를 해야만 한다. 그 멋진 홈페이지가 적어도 50% 이상의 객실을 채워줄 간판 역할을 하게 되기 때문이다.

간혹 컨설팅을 위해 펜션을 방문하면 이런 이야기를 하며 인근의 펜션을 슬쩍 비꼬는 분들도 있다.

"옆집은 펜션 시설은 제 펜션에 비한다면 정말 형편없이 안 좋은데 홈페이지만 화려하게 만들어서 손님을 끌어모으고 있어요. 아마도 그 손님들은 다신 그 펜션엔 안 찾아갈 걸요?"

하지만 냉정하게 말해 펜션 매출의 90% 이상은 고객과의 첫 거래가 마지막 거래가 된다. 결국 우리는 뜨네기 손님들을 상대해야한다. 즉, 첫 거래를 이끌어내는 영업방식이 최우선이라고 할 수 있다. 객실을 팔기 위해서는 무엇을 우선시해야 할지 명확히 일아야 한다.

### ● 펜션 컨셉을 온라인에 노출시키는 방법

"우리 펜션은 예쁜 펜션입니다."

"이 지역에서 가장 넓은 공간을 가진 펜션입니다."

"바닷가가 매우 가까운 펜션입니다"

"주변 리조트를 즐기기 좋은 위치의 펜션입니다."

운영하는 펜션의 컨셉에 대해 질문하면 매우 다양한 답이 나온다. 만약 컨셉을 결정했다면, 먼저 노출이 많이 되고 안 되고를 생각하기 이전에 컨셉을 집중해서 노출하고 있는지를 파악해야 한다. 펜션 컨셉이 잘 정리되어 인터넷에 노출되었는지를 파악하는 방법은 매우 간단하다. 운영하는 홈페이지, 네이버 마이 비즈니스, 광고 노출, 블로그나 SNS 등의 가장 메인화면에 보이는 모습을 보면 알 수 있다. 이 부분에 펜션 사장이 의도하고 노출하고 싶은 컨셉이 일관되게 노출되고 있는지를 파악하면 된다.

가장 먼저 신경 써야 할 부분은 홈페이지의 메인화면인데, 좋은 사진 기술로 화려하게 펜션의 시설들을 잘 소개해놓았다고 해도 차별화된 장점을 소개한 글과 사진이 없다면 화려함만 가득한 특색 없는 펜션으로 비칠 수밖에 없다. 만약 운영하는 펜션이 큰 연회장을 가진 단체 펜션이라면, '100명이 한 번에 즐길 수 있는 연회장과 바비큐장!'이라고 명확하고 구체적으로 글과 사진을 이용해서 집요하게 노출해야 한다. 소비자들이 확인하기 쉬운 곳인 홈페이지, 네이버 지도, 광고, 블로그 등에 모두 똑같이 노출을 시켜놓아야 한다.

최근에는 정보를 검색 시 90% 가까이 모바일로 검색을 한다. 작은 화면으로 보기 때문에 객실 사진을 PC의 모니터 화면에서 보는 것만큼 자세히 관찰할 수 없다. 그러니 작은 화면에서 펜션을 명확하게 알릴 수 있는 카피의 역할은 더욱 커진 셈이다(작은 화면에서는 글이 더 유리하다. 즉, 카피라이터의 역할이 더욱 커졌다).

쉬운 예를 들어보겠다. 양양의 초록 수채화 펜션은 울창한 나무와 계곡을 끼고 있으며, 펜션 내 부대시설이 매우 잘 갖추어진 펜션이다. 애초에는 이러한 분위기를 노출하기 위해서 '아늑하고 예쁜 펜션에서 하룻밤'이라는 구체적이지 않은 카피를 노출시켰지만, 필자의 컨설팅 이후 문구를 바꾸게 되었다. 자연 친화적인 분위기와 다양한 시설을 부각하기 위해서 '숲속의 작은 리조트'라고 카피라이팅을 해서 홈페이지의 메인화면과 네이버 지도, SNS 등 모든 온라인 노출이 되는 곳에 표기했다.

만약 운영하는 펜션에 수영장을 갖추고 있다면 더 구체적으로 '성인이 즐길 수 있는 큰 수영장 설치'라고 써 있어야 한다.

● 펜션의 차별성과 장점을 구체적으로 소개한 모바일 홈페이지

컨셉을 노출하는 방법에 대해서 좀 더 구체적으로 소개해보겠다. 먼저 내 펜션의 장단점을 명확하게 파악해야 한다. 그리고 명확하게 파악된 장점을 과연 어떤 고객층이 좋아할지를 알아야 한다. 만약 디자인이 무난한 가족형 펜션이나 단체

펜션의 이미지라면 당연히 커플 여행자들을 타깃으로 광고할 필요가 없다. 내 상품을 구매할 고객이 원하는 글을(카피) 집요하게 노출해야 한다. 많은 단체 펜션의 홈페이지나 광고 화면을 보면 넓고 깨끗하고 멋진 객실을 주로 보여주는데, 사실 단체 여행자들은 멋진 객실을 원하는 것이 아니라 단체 행사(야유회, 워크숍)를 진행하기 좋은 시설들을 갖추고 있는지에 더 큰 관심이 있다. 앞서 설명한 것처럼 오히려 100명이 한 번에 이용이 가능한 연회실이나 족구장, 응원단 천막, 비가 와도 행사가 가능한 시스템 완비, 단체여행 담당자가 이리저리 뛰어다니며 행사 진행을 하지 않아도 될 만큼 시스템이 좋은 펜션에 더 관심을 보이고 예약을 한다(3장의 홍천 구름 속의 산책 펜션 사례). 그런 카피가 메인 화면에 집약되어야 한다.

커플 펜션으로 컨셉을 잡는 것이 유리한 펜션은 커플 여행자들이 무엇을 좋아하는지를 연구해서 그들이 원하는 콘텐츠를 집요하게 노출시켜야 한다. 멋진 객실뿐만 아니라 펜션 내에서 가능한 프러포즈 및 이벤트 3가지 제공, 둘만의 이벤트 공간 제공 등을 문구로 소개하며, 부수적으로, 주변의 예쁜 카페, 주변의 선물 가게, 드라이브코스 등을 노출시켜야 한다. 주변 여행지도 일반적인 여행지가 아닌 커플 여행자들이 좋아할 만한 로맨틱한 장소를 소개하는 것이 예약률을

● 아이들을 위한 모서리 가드

높이는 데 유리하다.

가족 펜션이라면 아이와 함께 즐기기 좋은 놀이기구 10가지 제공, 온가족이 즐기기 좋은 레일바이크 5분 거리! 등의 카피를 모든 플렛폼 메인화면에 노출하며, 여러 객실 중 몇몇 객실에는 선반의 모서리 등의 안전장치로 안전사고 위험 요소를 줄인 모습 등을 노출해서 예약률을 높일 수 있다.

컨셉 노출을 위한 광고글(카피)이 완성되었다면 그에 어울리는 사진(이미지)을 함께 노출해야 소비자들의 이해를 도울 수 있다. 아직도 많은 펜션이 광고와 홍보를 할 때 대부분 객실의 사진과 부대시설의 정적인 사진들을 주로 보여주고 있다. 하지만 동적인 이미지를 노출한다면 소비자들을 자극하는 데 훨씬 유리해진다. 이를테면 단체 펜션일 경우, 여러 사람이 모여 바비큐 파티를 즐기는 사진, 모닥불 앞에 모여 큰 맥주잔을 들고 다 같이 건배하는 모습, 레크레이션을 하는 모습들이다.

커플 펜션이라면 오붓한 공간에서 손을 맞잡고 있는 모습, 프러포즈하는 모습, 기념일 이벤트하는 모습, 키스하는 사진들이 커플 펜션의 이미지를 더욱 강하게 만들어준다. 가족 펜션이라면 아이들과 함께 즐기는 모습, 애견 펜션은 반려동물과 함께 펜션 시설에서 견주와 함께 즐기는 사진이 전면에 노출되는 것이 좋다.

종전의 애견 펜션 홈페이지의 경우 객실과 동물들을 위한 편의시설들을 나열하는 방법으로 소개했다면, 이제는 좀 더 동적인 사진으로 연출하는 방법이 많이 사용된다. 이런 방법을 잘 사용한 좋은 예가 바로 앞서 사례로 소개한 양양의 로얄트리 펜션이다. 양양 오색약수 아래 부근에 자리하고 있는 로얄트리 펜션은 주변 펜션들에 비해 상대적으로 객실 단점이 많은 펜션이다. 하지만 명확한 컨셉을 잡은 후 멋진 카피 (광고글)를 만들고 동적인 사진을 연출했다. 펜션에서 키우고 있는 반려견과 펜션 사장이 함께 산책하는 모습, 주변 여행지인 하조대해수욕장의 모래사장에서 반려견과 즐기는 모습 등을 촬영해서 연출했으며, 펜션에 여행을 온 반려견과 주인들의 동의하에 촬영한 사진을 홈페이지의 메인화면에 노출시켰다.

이처럼 좋은 카피뿐만 아니라 펜션의 이미지를 한눈에 알아볼 수 있는 사진도 홈페이지, 네이버 마이 비즈니스, 네이버 카페 대문, 블로그 타이틀 등의 메인 사진으로 등록되어야 한다. 그리고 '숲속의 작은 리조트', '바닷가 5M 앞의 펜션', '대형 수영장을 갖춘 펜션'과 같이 펜션을 대표하는 카피가 만들어졌다면 이런 문장은

● 광고의 설명 문구에도 구체적인 매력을 적어놓아야 한다. 편안한 잠자리, 힐링 펜션, 환상적 바다 전망, 실내 바비큐 등의 문구보다 호텔식 침구류, 소음이 전혀 없는 펜션, 바닷가 10M 앞, 카페처럼 예쁜 바비큐장 등의 구체적인 문구가 구매율을 더욱 높일 수 있다.

네이버 키워드광고를 할 때 소재에도 적어놓아야 한다.

이뿐만 아니라 완성된 문구와 사진은 홍보를 위해 사용하는 SNS에도 함께 노출해야 한다. 추상적이고 아름다운 문장보다는 구체적인 문구(카피)와 사진 한 장으로 소비자의 니즈를 채워줄 수 있으며 그로 인해 예약률은 더 높아질 수 있다. 그리고 다시 강조하지만, 만들어진 컨셉은 집요할 정도로 반복해서 노출해야 한다.

## ● 마니아를 위한 펜션이 성공한다

나의 경험에서 비춰보면 커플, 가족, 단체 여행자를 다양하게 모객하며 두루뭉술하게 적당히 수준 높은 펜션이 장사가 잘되는 경우는 한 번도 본 적이 없다. 하지만 많은 펜션이 이처럼 다양한 고객층을 모두 잡기 위해서 많은 비용과 시간을 들여 노력하다가 지쳐버린다. 커플한테 어울려야 하기 때문에 벽화를 그려 넣고 스파를 집어넣고, 단체에 어울리도록 넓은 바비큐장과 노래방 시설을 설치하고, 가족한테 어울리도록 아이들의 놀이 공간을 만든다. 고객의 니즈는 멈추지 않고 계속 더 멋지고 많은 것을 원하고 있는데, 이들의 입맛을 모두 맞추려고 노력한다면 결국 모든 고객의 입맛을 맞추기는커녕 그저 구색만 대충 갖춘 어설픈 펜션이 되고 만다. 펜션을 운영하며 점점 힘들어지는 이유 중 한 가지가 바로 이런 부분이다. 우리나라의 인구는 약 5,000만 명이다. 그 5,000만 명의 입맛을 맞추려고 노력하는 것은 너무나도 힘들뿐더러 가능하지도 않다. 펜션과 같은 자영업은 수천, 수백만의  소비자를 필요로 하지 않는다. 대한민국 사람 중 0.1%의 소수들과 거래한다고 해도 충분하다.

지금 당장 명동에 나가서 하루 동안 100명의 친구를 만들어보라고 과제를 내준다면 아마도 대부분은 실패할 것이다. 물론 영업의 달인들은 가능할 수도 있겠지만, 대부분은 그렇게 하지 못한다. 하지만 오늘 하루 동안 2~3명의 친구를 만들어보라고 하면 어렵지 않을 것이다. 명동 한복판에 서서 나와 나이가 비슷한 연령대의 사람을 찾아보고 옷차림과 말투 등을 확인한 다음에 나하고 가장 마음이 맞을 법한 사람에게 말을 걸어 호감을 나타내고 호감을 얻어내면 된다.

우린 그동안 5,000만 명의 다양한 여행자들의 입맛에 맞도록 펜션을 운영하다 보니 힘이 들어 지쳤다. 친구 100명은 필요하지도 않는데 100명을 만들려다 보니 힘들고 쉽게 지친 것이다. 우리가 원하는 건 5~10명 정도의 친구들이다. 내 펜션을 좋아해줄 마니아만 찾아낸다면 얼마나 펜션 영업과 운영이 쉬워질까?

기본을 잘 갖추고 있다면, 이제는 고객이 좋아하는 스타일에 맞추어 고객을 따라다니면서 펜션 컨셉을 맞출 것이 아니라, 내 독특한 펜션을 좋아해줄 사람들을 찾아내는 것이 더욱 중요하다고 할 수 있다. 예를 들어, 다수의 사람은 화려하고 세련된 멋진 펜션을 좋아하겠지만 다소 불편하고 낡았더라도 토속적이고 정감 있는 펜션을 좋아하는 사람들도 분명히 있다. 그 소수들에게는 내 펜션이 멋지고 화려한 펜션으로 보이는 것보다 더 소박하고 토속적인 펜션으로 보이도록 작업해야 한다(3장의 가고픈 흙집 펜션 사례).

**마치며** ●

● 얼마 전에 펜션 건축 중에 나에게 전화를 한 젊은 사장이 있었다. 펜션 창업에 대해 구상하는 단계부터 거의 2년 동안을 내 책과 내가 운영하는 네이버 카페 글을 보며 펜션 광고에 대한 공부를 해왔다고 했다. 그러던 중 펜션 오픈이 임박해서 체계적으로 컨설팅을 받기로 마음먹고 전화를 한 것이다. 하지만 경제권을 가진 어머니의 한마디에 컨설팅은 받지 못하고 수억 원을 투자한 펜션 공사는 마무리되었다.

당시 그분의 어머니께서 고집스럽게 말하길, 어머니 지인의 펜션은 멋지게 잘 만들어져서 광고하지 않아도 장사가 너무나도 잘된다고 했다. 그리고 그 지인이 말하길 몇몇 펜션이 모여 함께 광고하는 곳(연합광고)에 잘 이야기해서 넣어준다고 하니 걱정할 필요가 없다고 했다. 그의 어머니는 마치 그 광고가 펜션 광고의 전부인 것인양 생각하고 있는 듯했다. 물론 이런 생각은 펜션 객실이 어떻게 판매되는지 모르기 때문에 갖게 된 잘 못 된 생각일 뿐이다.

결국 그분은 컨설팅을 받지는 않았지만, 답답한 마음에 나에게 여러 번 전화했고, 집 앞으로 찾아와 몇 번 술자리도 갖게 되었다. 시간이 흘러 막상 펜션을 오픈하고 나니 생각했던 것과는 전혀 다른 방향으로 가는 것 같아 너무나도 걱정스럽다고 했다. 나중에 알고 보니, 결국 어머니 지인이 말한 광고는 펜션 창업주를 연합광고에 끌어들여 돈을 쓰게 하기 위한 형편없는 광고였다. 적지 않은 광고비가 들어갔지만, 예상했던 대로 그러한 광고를 통해 예약되는 경우는 거의 없었다고 한다. 그리고 나중에는 모두 들통이 났지만 어머니 지인이 소개해준 건축업자는 건축주의 무지함을 이용해 건축 자재값을 터무니 없이 올려서 비정상적인 수익을 올리기도 했었다. 차가운 인간관계처럼 들려서 안타깝지만 이런 일은 너무나도 자주 발생한다. 순진하게 모르면 당한다. 물론 펜션 사업을 하는 사람 주변의 모든 사람들이 그렇다는 것은 아니다. 하지만 내가 이 일을 하는 십여년 동안 나를 찾아와 억울함을 토해내며 눈물까지 보였던 펜션 사업자들의 수가 적지 않은 것은 사실이다. 다른 사업도 마찬가지겠지만 펜션 사업에 대한 무지함을 동네방네 노출하면 분명히 먹잇감이 되곤 한다. 펜션업도 사업이다. 사업을 한다고 마음먹었다면 사장은 가장 밑바닥의 일부터 모든 것을 알아야 한다.

그 펜션은 거의 1년 가까이 온갖 고생을 다 한 후 결국 나의 조언을 듣기로 했다. 내가 직접 펜션을 찾아가서 둘러보니 역시나 예상했던 분위기로 펜션은 만들어지고 운영되고 있었다. 펜션을 예쁘게 잘 만들기는 했지만, 어머니 세대가 예쁘다고 칭찬할 만한 분위기의 펜션이었다. 그래서 약 1개월 동안 영업을 잠시 접고 간단한 인테리어를 하면서 광고와 홍보를 하기 위한 계획을 다시 짜게 되었다. 결국, 적지 않은 인테리어 비용이 또 들어갔으며 홈페이지, 광고 부분도 모든 비용이 다시 들어가야 하는 아까운 상황이 만들어졌다. 물론 지금은 좋은 매출을 올리고 있지만, 당시는 무척이나 힘드셨으리라 생각된다.

얼마 전 그 모자(母子)를 함께 모셔놓고 펜션 비즈니스에 대한 컨설팅을 마치게 되었다. 한 달간의 컨설팅을 모두 마친 후 어르신께서 나에게 말하길, "내 고집 때문에 엄청난 돈만 쓰게 돼서 참 후회가 됩니다. 선생님 말씀을 듣고 나니 펜션이 이렇게 어려운건지 지금에서야 이해가 됩니다. 늦었지만 정말 고맙습니다."

보통 나를 만나 컨설팅을 마치고 나면 숙박 비즈니스가 얼마나 어렵고 자신의 정보가 얼마나 많이 부족했다는 것을 뼈저리게 느끼게 된다. 내가 이 일을 하며 조언을 하는 가장 중요한 포인트는 바로 현명한 투자와 운영이다. 나는 지금껏 수많은 펜션 창업 예정자들을 만나 이야기를 나누었지만 단, 한 번도 첫 만남에 펜션 사업을 진행해보라고 조언한 적이 없다. 나와 상담을 마치고 펜션 사업계획을 철회한 분들도 있을 정도다. 당부하지만 이 사업은 그만큼 어려운 사업이다. 그리고 큰돈이 투자되는 만큼 먹이를 노리고 접근하는 안 좋은 사람들도 많이 만나게 된다.

**마치며**

나는 이 책을 통해 인생의 전환점에서 큰 꿈을 꾸는 이들이 위험한 투자를 하지 않고 현명한 판단을 하기를 바란다.

  독자들이 착각에 빠지지 않도록 냉정하지만, 현실적인 이야기를 한 가지 더 하고 싶다. 얼마전 회사를 그만둔 지인이 있다. 그 분은 앞으로 먹고 살 걱정을 하다가 결국 다른 회사로 재취업을 하는 것을 포기하고 작은 식당을 차리기로 마음먹고 오래전부터 식당을 운영하고 있는 그와 가장 친한 친구를 찾아가 레시피를 좀 가르쳐달라고 부탁을 했다. 하지만 베스트 프렌드는 순간 버럭 화를 내며 자신이 십수년간 고생해오면서 만들어놓은 자신의 레시피를 너무 쉽게 알려달라는 것이 화가 난다고 하면서 찾아온 친구를 돌려보냈다고 했다. 자신 주변의 펜션과 좋은 관계를 유지하며 친분을 쌓을 수는 있다. 하지만 좋은 관계의 사람들이라고해도 펜션 운영 노하우, 광고, 홍보방법 등 자신만의 레시피를 모두 꺼내놓고 조언하는 사람들은 거의 없다고 생각해야 한다. 아마도 그런 레시피를 바라는 것이 예의가 아닐 수도 있다. 물론 예외도 있지만, 내 경험으로 돌이켜보면 극히 드물었다. 조용하지만 치열하다. 조용한 시골 마을에 아름다운 모습으로 여유로운 전원생활을 하는 사람들이 모여 군락을 이룬 것 같지만, 실상은 모두 비즈니스 업장이다. 펜션을 편의점이라고 가정하고 보면 참 심각하게 느껴진다. 집 주변에 이미 GS 편의점들이 다닥다닥 붙어서 운영이 되고 있는데 어느 날 CU 편의점이 들어서고, 또 조금 지나니 바로 뒷집에 세븐일레븐 편의점이 들어온 형국이나 마찬가지다. 전국에 펜션과 유사업종을 모두 합하면 3만 개가 넘는다. 우리나라에 치킨집이 그렇게나 많다고 하는데(약 16,000개) 치킨집보다 거의 2배에 가까운 수의 펜션이 운영되고 있는 셈이다. 엄청난 경쟁이 아닐 수 없다. 그런데도 바로 옆에 펜션이 만들어졌을 때 경쟁 펜션에 진심으로 득이 되는 조언을 해줄 것이라고 생각한다면 오산이다. 싸움이 안 나면 그나마 다행이다. 이미 오래전부터 펜션을 운영해온 분들이라면 아마도 내 말에 충분히 공감할 것이다.

펜션 단지를 밖에서 보면 모두 예쁘고 아담하고 조용한 집 같고 서로서로 정을 주고받는 것처럼 보일 수도 있지만, 그들은 오래전부터 형 동생 하던 이웃사촌이 아니다. 대부분이 외지인들로 구성된 동네이고, 돈을 벌기 위해서 그곳에 터를 만든 것이다. 그중엔 장사하다가 그 동네를 뜨면 그만이라고 생각하는 사람들도 있다.

물론 겉으로 보기에는 탈 없이 가깝게 지내고 있지만, 본인들의 홍보 레시피는 절대 비밀로 하고 있다. '옆집(펜션)에서 무언가를 얻을 수 있겠구나', 또는 '나에게 매번 찾아오는 광고회사 직원은 꽤 믿을 만하다'고 생각하기 이전에 **스스로 강해져야 한다. 그것이 현명한 펜션 운영자의 자세라고 할 수 있다.**

펜션 사업은 생각하는 것만큼 쉬운 사업이 아니다. 하지만 앞서 설명한 명확한 컨셉을 만들고 점차 내 펜션의 마니아를 형성하며 펜션이 아닌 별명이 붙을 정도로 입소문이 나기 시작한다면 그야말로 펜션은 황금알을 낳는 거위가 될 수도 있다. 그러나 이 모든 것들을 완성하기 전까지는 분명히 만만치 않은 현실에 수없이 좌절하게 될 수도 있다. 그러니 **자생력**을 키워야 한다. 펜션 사업의 모든 것을 컨트롤할 수 있을 정도의 능력이 된다면 비로소 펜션은 발전할 수 있을 것이다.

**마지며**

● 김성택 작가에게 컨설팅을 받는 펜션 사업자들

앞서 소개한 모든 사례는 내가 직접 만나 경험한 사례들이다. 이 책의 사례에 소개한 펜션 중 막대한 투자금으로 펜션을 만든 곳도 없으며, 대단히 유명한 연예인이 운영하는 펜션도 없다. 모두 평범하고 작은 펜션을 운영하는 곳들이다. 하지만 다른 펜션들과 다른 것이 하나 있다면 그들은 스스로 굉장히 많은 노력을 하고 있다는 것이다.

오랫동안 이 일을 해왔다. 이젠 익숙해질 법도 하지만 난 한 번도 펜션 마케팅에 대해서 쉽다고 생각해본 적이 없다. 나 혼자서 공부하고 결과를 얻는 것이 아니기 때문이다. 소비자들의 취향은 시간이 흐르면서 계속 변하고 있고 광고방법과 유행도 너무나도 빠른 속도로 바뀌고 있기 때문이다. 잠시만 손을 놓고 있으면 뒤처질 수밖에 없다. 이제 이 사업에 뛰어들었다면 스스로 자생력을 키워야 한다. 독자들이 이 책을 통해 더욱 능동적인 영업방식으로 생각의 전환을 이룰 수 있기를 바란다.

김성택

변해가는 소비자들의 취향과 펜션 운영자들의 이야기를 공유하기 위해 카페를 개설했으니 그곳에서 공유하고 정보를 얻길 바란다.

YOUTUBE 김성택 TV
Tel 010-4753-0227
E-mail buzzga@naver.com
Kakaotalk buzzga

블로그
http://blog.naver.com/buzzga

김성택 작가의 대박펜션의 비밀
http://cafe.naver.com/buzzga

● 단양군청 주관 숙박사업자 마케팅 강화 교육 중인 김성택 작가

# 대박 펜션의 비밀

제1판 1쇄 인쇄 | 2018년 1월 5일
제1판 2쇄 발행 | 2021년 3월 23일

지은이 | 김성택
펴낸이 | 손희식
펴낸곳 | 한국경제신문 *i*
기획제작 | (주)두드림미디어
책임편집 | 최윤경    디자인 | 얼앤똘비악earl_tolbiac@naver.com

주소 | 서울특별시 중구 청파로 463
기획출판팀 | 02-3604-565
영업마케팅팀 | 02-3604-595, 583 FAX | 02-3604-599
E-mail | dodreamedia@naver.com
등록 | 제 2-315(1967. 5. 15)

ISBN 978-89-475-4270-8 (03320)

**책 내용에 관한 궁금증은 표지 앞날개에 있는 저자의 이메일이나
저자의 각종 SNS 연락처로 문의해주시길 바랍니다.**